KB235043

책이
꽃보다 아름답습니다.
책갈피에서 꿈이 피어나길 빕니다.

_______________________ 드림

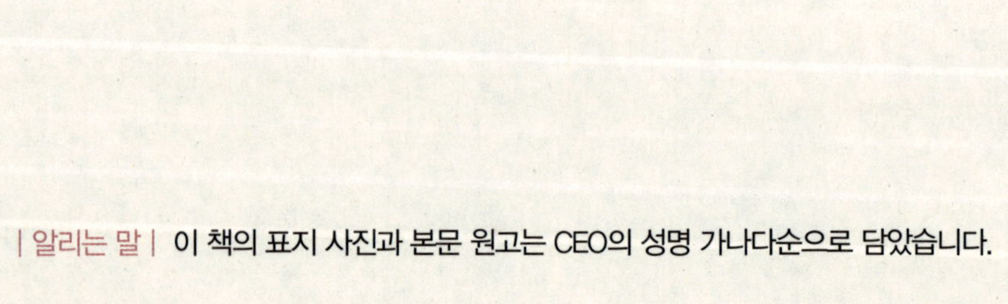
| 알리는 말 | 이 책의 표지 사진과 본문 원고는 CEO의 성명 가나다순으로 담았습니다.

CEO의 독서경영

CEO의 독서경영

다이애나 홍 지음
ⓒ 다이애나 홍, 2014

초판 1쇄 발행일 · 2014년 2월 17일
초판 2쇄 발행일 · 2017년 9월 20일
펴낸이 · 이효순 | 펴낸곳 · 일상과 이상 | 출판등록 · 제300-2009-112호
편집인 · 김종필 | 디자인 · 노영현
주소 · 경기도 고양시 일산서구 일현로 140, 112-301
전화 · 070-7787-7931 | 팩스 · 031-911-7931
ISBN 978-89-98453-11-4 (13320)

CEO의 독서경영

CEO,
책으로
날다

다이애나 홍
지음

일상이상

CONTENTS

한 손에는 책을, 한 손에는 현장을

CEO, 그들에게 책은 에너지였다.

비즈니스는 소리 없는 전쟁이다. 초강대국 미국이 흔들리고 유럽 전역은 재정위기로 희뿌연 안개 속에서 헤매고 있다. 경제 전쟁터에서 긴박한 시간을 보내고, 하루를 마무리하는 고요한 시간, 그들의 손에는 책이 있다. 망망대해에서 나침반을 잃지 않기 위해서다. 방전된 배터리를 충전하듯, 내일의 에너지가 될 독서열정이 충천되는 시간이다.

그들도 간절히 원한다. 누군가가 "힘내요, 힘들지?" 하고 토닥여 주는 따뜻한 품을. CEO라고 언제나 질주할 수 없으니까. 그들도 가끔 지치고 주저앉고 싶을 때가 있으니까. 낮 동안 직원들을 토닥이고 격려했던 것처럼, 그들도 위로받고 싶다. 외롭지 않으면 리더가 아니다. 리더는 고독한 결단을 내려야 하기 때문에 외로울 수밖에 없다. 쉽게 잠을 이룰 수 없다. 조직이 산으로 가는지 바다로 가는지 아무도 알려주지 않는다. CEO가 넘어야 할 가장 높은 산은 고독의 산이다. 그들에게도 비타민이 필요하다. 책이란 그들에게 비타민이다.

나는 기업에 독서경영을 전하고, 현장 곳곳에 독서향기를 전하면서 많이 배웠다. 역시 답은 현장에 있었다. 그들에게 현장은 삶의 터전이다. 그들이 숨 쉬는 삶의 현장에서는 매일매일 꿈이 익는다. 젊음이 불탄다. 함께 울고 웃고 갈등하고 춤춘다. 현장에서 배우고, 현장에서 성장한다. 수많은 시간을 함께 보내고, 어쩌면 가족보다 더 많은 시간을 함께 보내는 그들이다.

구성원이라는 가족의 숲에서, 같이 아프고, 같이 기쁘고, 같이 성장하는 곳, 사장과 구성원 모두가 함께 책을 손에 들었다.

왜 그들은 함께 책을 들었을까? 하루가 다르게 빠른 속도로 세계 경제는 춤을 춘다. 어떤 리듬에 맞추어 춤을 춰야 할까? 무섭도록 변화무쌍한 글로벌 비즈니스 환경 속에서 살아남는 자만이 승리한다. 살아남기 위해 책을 들었다. 책을 통해 변화의 환경을 읽었고, 구성원과 가치관을 공유했다. 책으로 소통했고, 책으로 성장한다. 전쟁에서 2등은 죽음이며, 비즈니스에서 2등은 도산이다. 급변하는 경제의 흐름에 발맞추어 앞서 가지 않으면 냉혹한 시장은 비극을 안긴다.

그들에게 가장 힘든 것은 구조조정이다. 같이 밥 먹고, 같이 꿈꾸던 그들에게 가장 아픈 것은 사랑하는 직원들을 떠나보내는 일이다. 인고의 시간을 함께 보내면서 어느새 끈끈하게 정이 들어 버렸다. 하지만 세계 경제의 칼바람은 아프도록 살을 베어 버린다. 마음을 후벼 파는 가슴앓이는 떠나는 자도 남는 자도 함께 견디는 아픔이다.

칭기즈칸인들 부하의 "목을 쳐라"고 싶었을까? 병사들을 모두 살아남게 하는 것이 유능한 장수다. 경제의 칼바람에 해고당한 사람들을 생각하니 가슴이 아파 잠을 이룰 수 없는 사람이 CEO, 그들이다.

모두 함께, 더불어 꿈이 성장하는 무성한 숲을 가꾸기 위한 CEO의 몸부림은 직원들에 대한 무한한 무지갯빛 사랑으로 이어진다. 빨주노초파남보 저마다 자신만의 색깔로 삶을 그리며, 색칠해 가는 직원들의 가슴을 따뜻하게 보듬어 줘야 한다. 때때로 그들의 색이 되어 줘야 하고, 그들의 색이 되어 기다려 줘야 한다. 부모는 자식 농사를 잘 지어야 하고, 사장은 직원 농사를 잘 지어야 한다. 그들의 색을 알기 위해 책으로 소통하고, 계급장 없는 편안한 독서친구가 되어야 한다. 아픔을 느낄 만큼 사랑하라. "어느새 아픔은 사라지고 더 큰 사랑이 생겨난다"는 마더 테레사의 말이 CEO의 마음을 대신하는 듯하다.

얼음이 녹으면 봄이 온다. 햇살 한 줄기, 맑은 공기 한 줌, 우리를 행복하게 하는 것은 언제나 크지도 멀리 있지도 않다. 따뜻한 응원의 말 한마디, CEO와 직원들 사이에 따뜻한 공기를 형성하게 하는 것은 서로를 위한 응원의 말이다. 책을 든 그들은 독서토론을 통해 소통을 넘어 교감으로 따뜻한 마음을 나눈다. 수많은 책과 토론이 가르쳐 준 깊이와 통찰, 책갈피에서 피어나는 소통의 꽃은 다른 것을 대신할 수 없는 소중한 나이테 같은 신뢰가 되었다. 아이디어와 지식은 나누면 융합되어 재창조된다. 그것이 그들에게 비타민이요, 에너지다.

삶은 기다림이다. 우리의 꿈을 키워 나가는 나무, 그 나무가 건강하게 뿌리를 내리고 무성한 열매를 맺는 데에 독서향기가 특별한 자양분이 될 것이라 믿는다. 한 손에는 책을, 한 손에는 현장을 든 그들에게 좋은 시절은 지금부터다. 행복을 기다리고, 사랑을 기다리며, 좋은 소식을 기다리고, 인생이 꽃피기를 기다린다. 꽃을 따는 마음이 아니라 나무을 심는 마음으로.

오래된 것들은 아름답다. 인고의 세월을 견디어 왔기 때문이다. 함께 책을 들고 현장에서 배움을 멈추지 않는 그들은 언제나 청춘이다.

이 책은 바쁜 와중에 인터뷰에 응해 주신 CEO 분들의 도움으로 만들어진 책이다. 인터뷰에 흔쾌히 응해 주신 CEO 분들께 지면을 통해 마음의 큰절을 올린다. 이 책에 소개된 기업들의 독서경영 스토리가 대한민국 모든 CEO와 직원들의 가슴에 뜨거운 독서열정을 심어 주길 바란다.

직원들을 부자로 만들기 위해
10미터 더 뛰는 CEO

김영식
천호식품 회장

10미터만 더 뛰어보면, 인생이 달라진다

'남자한테 참 좋은데, 남자한테 정말 좋은데, 어떻게 표현할 방법이 없네…… 직접 말하기도 그렇고…….'

참으로 기가 막힌 카피다. 이 한 문장이 한 남자의 운명을 바꾸었다. '남자한테 참 좋은데~' 광고 카피로 1,200억 원 매출 신화를 만든 천호식품 김영식 회장, 그는 신통방통 아이디어맨이다. 인터뷰를 위해 천호식품에 방문했을 때, 깜짝 놀랐다. 문 입구에 커다랗게 '다이애나 홍 님, 천호식품 방문을 환영합니다!'라는 문구가 붙어 있는 게 아닌가!

이 문구는 엘리베이터에도 붙어 있었고, 회장실 입구에도 붙어 있었다. 순간 깜짝 놀랐지만 그것도 잠시, 괜스레 기분이 좋아졌다. 참 신선하고 깜찍한 아이디어다. 누구 아이디어인지 궁금해서 비서에게 물었더니, 역시 대답은 "회장님 아이디어입니다"라고 한다.

내가 독서경영과 관련해 책을 집필한다고 하며 인터뷰를 요청하니

손을 절레절레 흔드신다.

"난 책 많이 안 읽어요."

"책에 거짓말하면 안 되잖아요."

책을 많이 안 읽으니 독서경영으로는 자격이 없다는 것이었다. 참 솔
직담백하시다.

"회장님은 어쩌면 그렇게 아이디가 많으신지요?"

"나는 간절히 원하니까요. 간절히 원하면 아이디어가 생겨요."

간단하면서도 명쾌한 답이다. 궁하면 통한다. 간절히 원하고 소망하
면 이루어진다는 진리를 믿는 분이시다.

"책을 안 읽는 대신에 신문을 많이 읽어요."

새벽에 일찍 일어나서 조간신문 5~6개를 조목조목 읽으신다는 말씀
에, 반가움이 밀물처럼 밀려왔다.

"어찌 책만 읽는다고 독서경영이겠습니까? 눈에 보이는 것이 모두
책이잖아요? 신문을 읽고 세상을 읽는 회장님이야말로 진짜 살아 있는
독서를 하는 분입니다."

그는 『10미터만 더 뛰어봐』라는 책도 내셨고, 집무실 벽면을 가득 채
운 책들이 그의 독서량을 말해 주고 있다. 『10미터만 더 뛰어봐』는 40
만 부나 팔렸고, 중국에서도 번역되어 판매된다고 한다.

중국어도 열심히 배우고 있는 그는 말한다.

"14억 중국인들의 눈물을 흘리게 하고 싶습니다. 그들에게 감동을 줘야 중국 사업이 성공할 수 있습니다. 그러려면 중국어로 연설을 해야 하죠. 그래서 개인교사까지 둬가며 중국어를 배우고 있습니다."

그의 인생의 좌우명은 '생각하면 행동으로! 지금, 당장, 즉시!'이다. 생각에 그치지 말고 실천으로 옮겨야 한다는 것이다.

천호식품은 최근 IPO 주관사를 선정했고 2014년 코스닥 상장을 목표로 준비하고 있다. 상장 구조를 아직 결정하진 않았지만 구주 매출 없이 신주 모집만 원하는 것으로 되어 있다.

'우리 함께 10미터만 더 뛰어보자.'

그와 직원들은 한마음이 되었고, 하나의 가치관을 공유하는 천호식품은 1984년 설립된 이후 급격히 성장했다.

천호식품의 경영실적이 급속히 좋아진 것은 오너인 김영식 회장이 텔레비전 광고에 직접 출연해 산수유, 블루베리 제품군을 홍보하면서 판매량이 증가한 영향이 컸다. 이후에도 천호식품은 광고 콘셉트 2탄 '산수유 남자한테 딱이다', 3탄 '산수유의 밤은 길다'를 선보이며 판매량 증대를 위해 노력하고 있다.

그는 죽을 각오로 뛰었다.

그는 처음부터 부자가 아니었다. 32세 때 단칸방에서 온 가족이 살았다. 하루는 초등학생 딸이 "우리는 왜 가난하냐, 난 공부방도 하나 없고 책상도 없다"며 그의 다리를 붙잡고 울었던 적도 있다. 등록금 때문에 딸이 대학에 합격할까 봐 걱정한 김영식 회장은 서울 여관방에서 혼자

살며 하루 1천 원으로 끼니를 해결, 간신히 생활했다.

김영식 회장은 "사람이 돈이 없어서 힘들면 죽고 싶은 생각이 듭니다. 급한 돈 빌려 쓰고 빚 독촉에 시달려 유서를 몇 번 적었습니다. 여관비가 없어 사무실에서 새우잠을 잤는데 죽어야겠다는 결심을 했죠. 창문 쪽으로 갔는데 밤늦게 전화가 한 통 왔습니다"라고 말했다.

그는 "세무서 직원이 왜 세금 안 내느냐고 했죠. 그래서 '14년 동안 세금 떼먹은 적 없고 모든 재산이 압류된 상태다. 9층 사무실에서 자살하려고 뛰어내리려 한다. 전화하지 마라'고 했습니다. 죽으면 안 된다고 말릴 줄 알았는데 전혀 아니었어요. 그 세무서 직원이 '그럼, 나한테 전화 받았다는 건 유서에 적지 말라'고 부탁했어요. 그 전화를 받고 생각이 바뀌었지요"라며 당시를 회상했다.

그때는 절망의 골짜기였다면, 지금은 옛 추억을 떠올리며 재미있게 말씀하신다. 절망의 골짜기를 잘 헤치고 나온 김 회장은 이제 산허리를 돌아 정상을 향해 걸음을 멈추지 않으며 다리근육을 튼튼히 하고 있다.

육신의 건강에는 『동의보감』, 마음의 건강에는 『명심보감』

나이가 많다는 것과 늙었다는 것은 다르다. 나이가 많다는 것은 지혜가 많다는 것이고, 늙었다는 것은 병들고 쇠약해졌다는 것이다. 골골 30년이란 말이 있다. 병을 몸에 달고 아프고 골골하며 노후 30년을 살

아간다면 이 얼마나 슬픈 일인가?

김 회장은 건강식품 회사의 CEO답게 건강 서적을 많이 보신다. 예부터 육신의 건강을 위해서는 『동의보감』을 읽고 마음의 건강을 위해서는 『명심보감』을 읽으라고 했다.

평소 어떤 책을 즐겨 읽느냐는 질문에 단 1초의 망설임도 없이 건강 관련 책이라고 힘주어 말씀하신다. 특히 『동의보감』을 읽고 또 읽어 외우듯이 읊을 수 있다 하신다.

허준의 『동의보감』 중에서 몸을 구성하고 있는 기본적인 요소인 오장육부에 관한 사항을 적어 놓은 내경 편, 눈에 보이는 몸의 각 부위에 관한 기능과 질병을 써 놓은 외형 편, 몸에 생기는 여러 가지 병의 원인과 증상을 알아보며 그에 따른 기본적인 치료 방법을 말해 주는 잡병 편을 그는 외우다시피 읽었다.

그는 한의사처럼 우리 몸에 대해 박식하시다. 우리 몸에 간이 어디에 있는지, 간의 무게는 얼마인지, 남자가 여자보다 간의 무게가 무겁다는 것, 그래서 간 큰 짓을 남자가 많이 한다고 하신다. 호기심이 가득한 눈으로 듣고 있으니 흥미진진했다.

우리 몸의 간은 무게가 900~1,300g으로 체중의 약 1/45을 차지하며, 총혈류량의 1/3 정도의 많은 혈류가 흐르는 가장 중요한 기관의 하나이다.

간이 약해지는 이유는 과음과 피로누적 때문이라고 하시면서, 일상에서 쌓인 피로는 그때그때 풀어 줘야 한다고 하신다. 무엇보다도 간에 안 좋은 것은 스트레스라며 초긍정의 마음이 중요하다고 말씀하신다.

"약으로써 병을 고치듯이 독서로써 마음을 다스린다."
- 줄리어스 시저

『동의보감』이 육신의 병을 고치게 하는 책이라면, 『명심보감』은 마음을 다스리게 하는 책이다. '명심보감(明心寶鑑)'은 '마음을 밝히는 보배로운 거울'이라는 뜻이다. 예로부터 자신의 내면을 거울처럼 비추어 보는 귀중한 보물로 여겼던 책이다. 선현(先賢)들의 금언(金言)과 명구(名句)를 모아 청소년 및 초학자(初學者) 교육을 위해 만든 일종의 수신교양서(修身敎養書)다. 사서오경(四書五經)뿐만 아니라 불교, 도교 등 다양한 사상가들의 명언들이 담겨 있다.

김 회장이 아끼는 『명심보감』의 명언들이다.

가난하게 살면 번화한 저자거리에 살아도 서로 아는 사람이 없다. 부
유하게 살면 깊은 산골에 살아도 먼 곳에서 찾아오는 친구가 있다.
　-『명심보감』

큰 부자는 하늘의 뜻에 달렸고, 작은 부자는 부지런하기에 달렸다.
　-『명심보감』

꽃은 졌다가 피고, 피었다 또 진다. 비단 옷을 입었다가도 다시 베옷
으로 바꿔 입게 된다. 재산이 많은 사람이라고 해서 언제까지나 반드시
부자는 아니며, 가난한 집이라 해서 늘 적막하지만은 않다. 사람을 치
켜세운다 해도 푸른 하늘까지는 올릴 수 없고, 사람을 밀어뜨린다 해도
깊은 구렁에까지 떨어뜨리지는 못한다. 그대에게 권고하노니 모든 일
을 하늘에 원망하지 말라. 하늘의 뜻은 사람에게 후하고 박함이 없다.
　-『명심보감』

절박한 어려움을 겪고 CEO가 되기까지, 『명심보감』으로 마음을 닦
고, 『동의보감』으로 건강을 지켰다.
　우리의 외모 나이와 마음 나이는 몇 살일까?
　오래도록 30대에 머물고 싶은 사람들을 위한 안티에이징 비결은 무
엇일까?
　『50세가 넘어도 30대로 보이는 생활습관』의 저자 나구모 요시노리의
실제 나이는 56세다. 그런데 혈관 나이 26세, 뼈 나이 28세, 뇌 나이 38
세!
　의학박사가 실천하고 있는 이 방법이라면 누구나 20년 더 젊어질 수

있다고 한다.

'식사량의 60퍼센트만 먹기, 일즙일채로 다이어트하기, 얇은 옷을 입고 몸을 안에서부터 따뜻하게 하기, 술과 단 음식 금하기, 생선은 뼈째 먹고 야채와 과일은 껍질째 먹기, 많이 걷고, 대중교통을 이용할 때는 자리에 앉지 않기, 스킨십과 감사하는 마음을 소중히 하기' 등등.

돈도 들지 않고 시간도 별로 들지 않으며, 누구나 바로바로 실천할 수 있는 아주 간단한 방법들이다.

사람이 젊고 건강하며 아름답게 살아가려면 '심(心), 미(美), 체(體)' 세 가지가 조화와 균형을 이루어야 한다.

오직 젊음만 믿고 아무 노력 없이 인생을 흘려보낸다면 아름다움은 날이 갈수록 쇠퇴하지만, 자신을 갈고 닦으면서 인생을 보내면 아름다움은 점점 빛을 더한다. 이러한 변화는 '노화'가 아니라 '성숙'해 가는 과정인 것이다.

일기를 쓰고 편지를 쓰다

성공한 사람들의 공통점 중 하나는 기록의 힘이 있다. 읽으면 꿈이 성장하고 쓰면 이루어진다.

오늘의 김 회장을 만든 8할은 기록의 힘이다.

"1993년에 아내가 생일 때 선물해 준 건데 이 반지를 가지고 서울로 바로 올라왔습니다. 그래서 전당포에 가서 반지를 맡기고 130만 원을 받아와서 역삼동에 사무실을 내고, 직원 한 명을 구하고 나머지 돈으로

                                                    CEO의 독서경영

쑥 전단지를 만들었어요. 그렇게 하니 돈이 5만 원도 채 안 남았습니다. 저녁으로 6백 원짜리 소시지 하나와 소주 한 병을 여관방에서 혼자 먹으면서 많이 울기도 울었습니다. '내가 참 원통하고, 내가 너무 바보짓을 했구나' 싶어서 그 다음 날부터 일기를 썼습니다. 일기를, 내 마음속에 있는 이 답답함을 누구한테 이야기하고 싶은데 이야기할 데도 없고 해서 일기를 썼습니다."

이때부터 시작된 김 회장의 천호식품 단독 세일즈는 모두 기록으로 남아 있다. 매일 일기를 썼기 때문이다.

그의 어느 날 일기 내용이다.

'아침 6시 30분이면 여관에서 나와 서울 강남역 지하도 입구로 출근을 했다. 일명 찌라시(전단)를 돌리는 아줌마 부대 옆에서 나도 찌라시를 돌렸다. 8시 30분까지 부지런히 돌리고 사무실로 향했다. 퇴근 시간에는 전철을 탔다. 전철표 한 장만 있으면 이 전철 저 전철 옮겨 다니며 전단을 뿌릴 수 있어서 좋았다. 전철 처음 칸에서 시작해 마지막 칸까지 선반에 전단을 올려놓고 다녔다. 밤 10시까지 매일 그렇게 했다. 항상 가방에 전단을 넣고 다니면서 식당, 골목길, 전봇대 틈새, 승용차 할 것 없이 눈에 보이는 모든 공간에 일일이 전단을 꽂아 놓았다.'

김 회장은 어디에서 누구를 만나든 무조건 쑥 이야기를 꺼내고 전단을 건넸다. 가령 싸구려 식당에 밥을 먹으러 가서도 손님들이 있으면 전단을 나눠 주고 설명했다. 비행기 안에서도 전단을 돌렸다. 승무원이 "고객님, 이러시면 안 됩니다" 하고 막았지만 그는 "이 전단을 안 뿌리면 나 죽어요. 이 비행기 못 탑니다. 쑥이 얼마나 좋습니까? 다음에 돈 벌어서 내가 한 박스 선물할게요" 하고 양해를 구하며 전단을 돌렸다.

10여 년 동안 천호식품 광고 모델이었던 탤런트 이순재 씨와의 인연도 그 무렵 시작됐다. 연세대 언론홍보대학원에서 만난 이순재 씨는 만날 때마다 김 회장이 쑥 이야기로 열변을 토하자 그를 믿어 주는 고객이 되어 주었다. 그러다 어느 날 김 회장은 이순재 씨를 찾아가 광고 모델이 돼달라고 간청했다. 모델료는 나중에 벌어서 주겠다고 하면서……. 이순재 씨는 두말하지 않고 기꺼이 응해 줬다.

"그때부터 일기를 쓴 것이, 『10미터만 더 뛰어봐』라는 제 책이 나오게 된 동기가 되었습니다. 그런데 빨리 전단지를 돌리고 영업을 해야 되는데 저녁에는 '변하자, 변하자' 해놓고, 아침에 눈떠서 태양이 밝아오면 전단지를 못 돌리는 겁니다. 부끄러워서, 창피해서 그런 것이죠.

저는 그때 그랬습니다. 변하려고 하면 자기 머릿속에 가진 걸 과감하게 버려야만 됩니다. 이것을 버리지 않으면 사람은 누구든지 변할 수가 없습니다. 그 후 새벽 6시 반에 무조건 배낭 매고 강남역 2번 출구로 올라오시는 분들에게 전단지를 돌렸죠."

김 회장은 파산이나 다름없는 상태에서 다시 시작한 지 1년 11개월 만에 20억 원 상당의 빚을 모두 갚았다. 압류당했던 집도 다시 찾았다. 17년 동안 써왔던 어음은 반납한 뒤 다시는 쓰지 않겠다고 선언했다.
'사슴한마리' 이외에도 '산수유환' 등 연이어 히트 제품을 만들어냈다. 특히 산수유환은 전국이 들썩일 정도로 크게 히트했다. 그렇게 대박이 나자 서울 강남구 역삼동에 서울 사옥도 짓게 됐다.

산수유환은 이렇게 탄생했다. 유명 한의사와 연구실 직원들에게 남자의 정력을 증강하는 데 가장 좋은 것이 무엇인지 묻고 시제품을 만들게 했다. 시제품을 주변의 지인들에 나눠 준 뒤 반응을 살폈다. 사람들은 "섭취한 지 15일이 지나면서부터 확실히 달라졌다"고 말하기 시작했다. 함께 시제품을 섭취한 김 회장 역시 온몸으로 그 효능을 느꼈다. 그는 즉시 연구실 직원들에게 "이건 대박감이다. 제품을 가장 좋게 만들어라"고 지시했다.
상품이 출시된 뒤 2000년 12월, 미국 대통령 선거가 끝나고 부시가 제43대 대통령 취임을 앞두고 있던 때였다. 김 회장은 부시 대통령에게 편지를 보내기로 했다. 편지의 내용은 대강 이러했다.

'세계에서 앞장서는 미국으로 이끌려면 정력이 좋아야 한다. 정력 증

강에는 한국의 산수유가 그만이다. 산수유로 만든 제품을 선물로 보내니 한 번 드셔 보시라.'

두 달 뒤 부시 대통령 부부의 친필 사인이 담긴 답장이 왔다. 카드로 된 답장을 받아 본 순간 '이걸 광고로 활용하면 대박이 나겠다'는 생각이 떠올랐다. 곧바로 광고를 냈다. 그랬더니 불에 기름을 부은 격으로 공전의 히트를 기록했다.

이렇게 탄생한 산수유 제품은 '남자한테 참 좋은데, 남자한테 정말 좋은데, 어떻게 표현할 방법이 없네…… 직접 말하기도 그렇고……'라는 강력한 광고 카피에 힘입어 천호식품의 최고 히트 상품으로 자리매김했다.

간절히 원하면 아이디어가 생긴다

김 회장은 좀 별나다. 늘 쉬지 않고 화젯거리를 만드는 마법의 아이디어맨이다. 조지 부시 전 미국 대통령에게 산수유 제품을 보내는 독특한 아이디어를 비롯해, 진심을 전하기 위해 통마늘 진액을 마시며 부산역에서 서울역까지 자전거로 내달렸다.

"주변의 모든 것이 마케팅 수단"이라고 강조하는 김 회장, 그의 사업 성공비결이다.

김 회장은 자신이 거주하는 아파트의 같은 동 주민에게 저녁식사를 초대하며 주민끼리 함께하는 시간을 마련했다. 주민이 함께하는 식사 자리를 통해 소통 부재로 인한 이웃 간 갈등을 예방하고 해소하자는 취지에서였다. 특히 층간 소음으로 인한 이웃 갈등이 실내 활동이 많아지는 겨울철에 집중된다는 점에서 모임에 의미가 있었다.

김 회장은 "요즘 층간 소음 문제로 이웃 간의 갈등이 심각한 수준입니다. 함께 밥을 먹고 얼굴을 익히면 서로 이해하는 마음이 좀 더 커지지 않을까 싶어 모임을 제안했는데 생각보다 많은 주민이 참석했어요. 이웃 간에 정을 나누고 싶지만 그럴 기회를 만들지 못했던 것이 아닐까 하는 생각을 합니다"고 말했다.

이어 그는 "문제의 해결은 작은 곳에 있습니다. 사소한 행동이 큰 사고를 막을 수 있죠. 엘리베이터 등에서 우연히 마주칠 때 서로 모른 체하기보다는 눈인사라도 나누면 이웃사촌의 의미를 되찾을 수 있을 것"이라고 전했다.

천호식품은 결혼을 권장하고 출산에 앞장서는 대표적 기업이다. 직원들이 셋째 자녀 출산 시 1,220만 원, 둘째 출산 시 200만 원, 첫째 출산 시 100만 원을 각각 지급하고 있다. 특히 2010년에는 '아이 낳기 좋은 세상 운동본부 경진대회'에서 국민포장을 수상한 바 있다.

그는 회사 규모에 비해 파격적인 사내 출산장려책을 펴고 있을 뿐만 아니라 회사 임원들의 반대에도 불구, 자신이 운영하는 인터넷 카페를 통해 일반 국민을 대상으로 한 출산장려금 지원 사업도 하고 있다.

김 회장은 "사람들은 저를 성공한 최고경영자(CEO)라고 부르지만 저는 그렇게 생각하지 않습니다"고 말했다. "우리 직원들이 우리나라에서 가장 많은 연봉을 받고 가장 많은 복지 혜택을 누릴 수 있어야 진정으로 성공한 사람이라고 생각합니다"고 하며, 파격적인 사내 출산장려책의 배경을 설명했다.

그는 특히 "직원의 70%가 여성이고 일하는 여성의 임신과 출산을 지원하는 사업은 꼭 필요하다"며, "5년간 정책을 펼친 결과 기혼 여성 직원의 퇴직률이 낮아지고 출산율은 높아져 정책의 실효성을 보여 줬다"고 강조했다.

김 회장은 식품회사의 CEO인 만큼 소비자의 건강에도 관심이 많다. 새해부터 '음식 덜어 먹기 캠페인'을 펼치면서 개인접시인 '건강나눔그릇'을 무료로 나눠 준다. 여러 사람이 숟가락으로 탕과 찌개를 같이 먹는 문화를 고치기 위한 행사다. 이 행사에 참여하고 싶으면, 김영식 천호식품 회장의 커뮤니티 카페(cafe.daum.net/kys1005)에서 신청하면 된다. 이 캠페인은 그의 저서 『10미터만 더 뛰어봐』의 인세와 강연료로 마련했다.

뚝심대장 김 회장, 그가 이른 새벽에 신문을 탐독하면서 특별히 관심 있게 보는 지면은 바로 동정란이다. 누가 승진했는지, 누가 상을 당했는지 보면서 아는 지인이 나오면 즉시 문자 메시지로 안부를 전하는 습관이 있다. 뜻밖의 소식을 받은 지인들은 뜻밖의 따뜻한 관심에 놀라워하며, 감사의 마음을 전한다.

나는 인터뷰의 마지막 질문으로 식품회사의 CEO인 그에게 건강하게 오래 사는 비결을 물었다.

그의 즉답은 '성실성'이었다. 성실한 사람은 더 많이 행동하고, 더 많

                                        CEO의 독서경영

은 건강 상식을 알고 있고, 더 많은 사람들과 관계를 형성하고 있기 때문이라고.

행복은 멀리 있지 않다. 파랑새는 산 넘어 있는 것이 아니다. 바로 내 가슴에 있고 내 손 안에 있다. 내 마음과 내 손이 행복을 만드는 마법이다.

그의 독특한 아이디어는 순간순간을 행복하게 하는 지혜의 샘이다.

직원들을 부자로 만들고, 대한민국 국민들을 부자로 만들기 위해, 그는 오늘도 10미터 더 뛴다. 심장에 땀이 나도록.

우동 한 그릇 (10권 세트)

구리 료헤이 지음 | 최영혁 옮김 | 청조사

1989년 일본에서 한 국회의원이 낭독해 '일본 국회를 울린 책'으로 화제가 됐고, 이후 일본 전역을 눈물바다로 만들었던 이야기 『우동 한 그릇』. 섣달 그믐밤, 우동집에 어린아이 둘을 데리고 들어온 여인이 머뭇머뭇 "우동 한 그릇만 시켜도 되느냐"고 묻는 것으로 이 아름다운 동화는 시작한다. 가족 간의 사랑과 이웃과의 인연을 그린 이 이야기는 인생의 힘든 순간에 서로를 지탱해 준 사람들의 따뜻하고 아름다운 마음이 담겨 있다.

여명의 눈동자

김성종 지음 | 남도

TV 드라마로 방영되어 전 세계를 깜짝 놀라게 했던 '여명의 눈동자'의 원작소설이다. 이 소설은 일제 강점기에서부터 해방과 한국전쟁으로 이어지는 통한의 역사를 관통한다. 장하림, 최대치, 윤여옥 등 세 명의 남녀 주인공들이 벌이는 사랑과 배신, 극한적 삶의 드라마, 적과 백의 양극에서 부딪치는 처절한 혈투, 이 모든 것을 작가 김성종은 영원한 감동과 슬픔으로 융화시켜 비극의 미학을 창조하는 데 성공한다.

　장강처럼 도도히 흐르는 장엄하고 웅혼한 이 대하소설에서 우리는 역사의 뒤안길에서 몸부림치다 사라져간 인간들의 자유를 향한 절규와 극한적 인간조건을 통해 줄기차게 추구되는 감동의 휴머니즘을 보게 될 것이다.

명심보감

추적 엮음 | 백선혜 옮김 | 홍익출판사

시대를 초월하여 가정교육의 첫 번째 권장도서로 손꼽혀 온 책으로 예로부터 수신서의 교과서로 읽히면서 만인을 위한 인생의 길잡이 역할을 해오고 있다. 이 책의 지은이 추적은 중국 명나라 범립본(范立本)의 『명심보감』에서 진수만을 간추려 초략본을 펴냈다. 이 초략본이 우리나라에 널리 유포되어 인생의 길잡이 역할을 했다.

직원을 생명처럼 여기며
꿈을 키우다

김영철
동화세상에듀코
대표이사

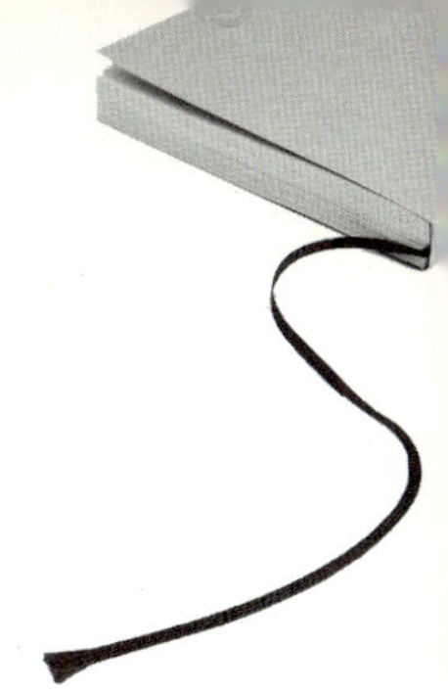

직원은 생명이다

한마디로 동화처럼 아름다운 회사다. 기쁨과 충만의 에너지가 회사에 넘쳤다. 인터뷰를 마치고 나오는데, 마치 내 꿈이 이루어진 것 같은 충만함으로 넘쳤다. 에너지를 끌어내는 신기한 마법을 가진 회사다. 맑은 영혼, 뜨거운 열정, 타인에 대한 아낌없는 사랑, 일이 주는 즐거움을 느끼는 지구상의 행복한 사람 중의 한 사람, 그가 바로 동화세상에듀코 김영철 대표이사다.

함께 이야기를 나누면 행복해진다. 그의 사무실에 가면 동화 속 마법의 공간에 온 것처럼 기분이 좋아진다. 그곳에 가면 기분이 좋아지는 '티파니에서 아침을'이라는 영화처럼, 그곳에 가면 마치 내 꿈이 이루어지는 것 같은 마법을 느꼈다. 직원들이 손수 만들어서 선물한 사랑이 담긴 작은 화분들과 꽃, 형형색색 조각품들, 마치 동화 속의 또 다른 세상에 온 것 같은 기분 좋은 착각을 하게 한다. 더 멋진 것은 사장님을 향한 직원들의 진솔한 사랑이 담긴 편지글이다.

그는 어떻게 직원들의 사랑을 받는 사장이 될 수 있었을까?

'직원은 생명이다!'

바로 김영철 대표이사의 철학이다. 사무실 한가운데에 '직원은 생명이다!'라는 글이 버티고 있다. 직원을 생명처럼 귀하고 존엄하게 대하는 사장의 진심이 그들의 가슴속 깊이 뼛속 깊이 전해졌기 때문이다.

그는 말한다.
"우리 회사가 지금 여기까지 온 것은 순전히 우리 직원들 덕분입니다. 직원들이 없었다면, 오늘의 저도 회사도 있을 수 없었겠지요? 우리 직원들은 모두 사장입니다. 그들이 알아서 너무 잘해 주어 늘 고맙고 감사하기만 한걸요. 그래서 늘 회사에 출근하면 직원은 나의 생명이며, 운명이기도 하기에 액자에 고이 모셨습니다."

동화세상에듀코는 어떤 회사이고 김영철 대표이사는 어떤 사람일까?
에듀코는 '가르치다'는 의미의 영어단어 'education'의 라틴어다. 원래 의미는 '가르쳐서 끄집어내'이다. 교육을 통해 잠재력을 끌어내는 교육 전문회사다. 김영철 대표이사는 젊은 시절 유도선수로 활동하다 부상을 입고 동화책 영업사원으로 사회생활을 시작했는데, 책을 팔기 위해 동화책들을 읽어 보니 동화 속 주인공들이 너무나 아름다웠다고 한다. '동화세상'이라는 이름은 동화 속 아름다운 세상을 현실에서 만들고 싶은 순수한 마음에서 나왔던 것이다.

동화 속 주인공은 어렵고 힘든 일을 모두 이겨내고 영향력을 끼치는 사람이 된다. 현실에서 동화 같은 세상이 가능하다는 것을 보여주고 싶어서 회사 이름을 '동화세상에듀코'로 지었다.

역시 책이었다. 운동선수로서의 꿈이 좌절되었을 때, 다시 잡은 생명의 동아줄은 책이었다. 동화책을 많이 읽어서 그토록 아름다운 영혼의 소유자가 되었나 보다. 우리는 읽는 대로 내가 만들어지며, 생각한 대로 이루어지며, 마음의 생각이 얼굴표정으로 나타나서 인상이 되는 것이다.

그리고 책을 많이 읽는 사람은 다면체가 된다. 책 속의 다양한 세계가 마음에 차곡차곡 쌓이면, 다양한 생각과 감성을 가진 사람으로 거듭난다. 그래서 상대방으로 하여금 천의 얼굴의 가진 사람으로 비춰지는 것이다. 뜨거운 열정과 따뜻한 감성 모두를 소유한 그는 천의 얼굴을 가진 다면체다.

3년 전, 동화세상에듀코에서 처음 독서경영 특강을 했다. 직원들이 워낙 많으니 몇 차례로 나누어서 강의를 했다. 참으로 눈빛이 초롱초롱 그 자체였다. 강사는 청강생들의 눈빛에서 에너지를 얻는다. 최고의 강의는 그들의 눈빛과 수용성이 말해 준다. 시종일관 웃으며, 함께 책이야기를 나누었다. 마지막 날 강의를 마치니 생각지도 못한 이벤트가 있었다. 강연감사패와 꽃다발 사례, 엄청 행복했다. 역시 잘되는 기업은 특별한 무언가가 있다.

　　동화세상에듀코의 경영철학은 '진솔한 교육으로 직원과 고객의 가능성을 서로 높인다'다.

　　창조주가 각 사람에게 재능을 주셨는데 욕심 때문에 자신을 작게 보는 경우가 있다. 그는 말한다.

　　"우리는 복 받고 태어났습니다. 나는 누구인가 어떻게 생각하느냐가 중요한데 저는 '복의 존재'라고 봅니다. 아름다운 세상, 가족, 회사를 선물로 받았습니다. 내 존재를 알면 꿈이 커질 수밖에 없습니다. 저희 회사가 현재 직원 3,600명인데 앞으로 30,000명의 선한 리더를 육성하는 것이 목표입니다. 세상에 선한 영향력을 미치는 리더로 육성할 목표를 가지고 있습니다."

　　불경기에도 회사가 매년 25%씩 성장하고 있다. 과연 그 비결은 무엇일까? 겸손과 겸허함으로 늘 낮은 자세를 하고 있는 김영철 대표이사는 직원들을 향한 칭찬을 아낌없이 쏟아낸다. 모든 공덕은 직원들에게 있다는 것이 그의 답이다.

콘텐츠와 시스템은 시대가 바뀌면 바꾸면 된다. 하지만 바꿀 수 없는 것이 인재양성이다. 회사의 이익보다 회사 직원들의 성장을 더 우선시한다. 우선순위가 직원이 첫 번째, 회원이 두 번째, 이익이 세 번째다. 직원 한 사람 한 사람을 생명으로 생각하고 인재를 키워낸다. 일 년에 직원 교육에 회사 이익의 20%인 10억을 투자한다. 전 직원을 대상으로 독서경영, 코칭, 리더십, 마케팅 등 8대 교육을 받게 한다. 인재양성과 성과는 같이 간다. 인재양성은 멀리 보고 가야 간다.

그는 말한다.
"사실, 8대 교육을 다 아우르는 것이 바로 '독서'입니다. 책 속에 다 있죠. 책만 제대로 읽어도 8대 교육 안 해도 됩니다. 독서의 힘은 우주가 존재하는 한, 진리처럼 힘이 셉니다."

참으로 놀랍다. 그는 하루 일과를 시작하기 전 새벽에 한두 시간씩 책을 읽고 출근하는 습관이 있다. 독서전문가인 나보다 오히려 더 책을 많이 읽는 것 같다. 3년 전 다이애나 홍의 DH독서법을 통해 독서량이 2~3배로 늘었다고 한다. 핵심을 골라 읽기도 하고, 중요한 책은 반복해서 읽기도 하는 7의 독서습관은 참으로 놀랍다.

서점에 갈 시간이 없다 보니, 좋은 책을 선정하기 어려웠는데 다행히 『다이애나 홍의 독서향기』를 읽고 힌트를 얻었다. 책 한 권의 내용을 한 장으로 핵심을 전해 주니, 마음에 와 닿는 책은 즉시 구입하고, 그 책과 관련된 도서를 구입해 연계독서를 하고 있다. 전경련IMI에서 하는 '저자와의 마음산책'도 몇 년째, 아들과 함께 공부하고 있다. 다행히 수강생이 많지 않아서 저자에게 질문할 수 있는 기회가 많아서 좋다고. 강의를 마치고 차 한 잔 마시면서 저자의 삶에 귀를 기울이기도 한다고.

책 안 읽고 출근하면 양치질 안 하고 출근하는 것과 같다

이 한마디는 그에게 독서가 무엇인지 모두 말해 주고 있다. 하루에 2권 정도, 새벽에 일어나자마자 읽고, 출근하면서 읽고, 외부일정으로 이동하면서 읽고, 화장실에서도 읽고, 참으로 바쁘게 산다. 공부하기 위해 태어난 사람 같았다.

"하루라도 책을 안 읽으면 입안에 가시가 돋는다."
-안중근

독서경영이 잘되는 회사는 특별함이 있다. 바로 CEO가 독서광이라는 것이다. 자식은 부모의 뒷모습을 보고 자라며, 직원들은 사장의 뒷모습을 보고 행한다. 회사의 대표이사가 손에 책을 놓지 않으니, 그 모습 그 기운이 직원들에게 그대로 전해진다. 동화세상에듀코는 전 직원들을 대상으로 독서코디네이터를 양성한다.

동화세상에듀코는 2005년, 독서경영을 처음 시작했다. 본사와 전국지사에 책도 사 주고, 직원들을 모아서 토론도 하고, 독후감과 아이디어도 제출하도록 했다. 그런데 이 같은 방식의 독서경영은 5년 만에 한계에 부딪혔다. 독서경영이라는 단어 자체에 매몰돼 정작 직원들이 '책 읽는 즐거움'을 잃어버린 게 문제였다.

"직원들이 책을 좋아하게 만들어라."

김 대표이사는 "다만 자신이 읽은 책을 정리하고, 자신의 것으로 소화할 수 있는 능력을 키워 줘야 한다"고 덧붙였다.

'독서경영리더과정'을 운영함과 동시에 각 지구별로 독서토론모임도 진행하고 있다. 독서토론모임의 운영방식, 책 선정과 토론방법 등은 각 지구에서 자율적으로 결정한다. 두 달에 한 번씩 활동내역을 사이트에 업로드하는 최소한의 가이드라인만 두고 있다.

"독서경영리더과정을 통해 책 읽는 방법을 제시하고, 지구별로 자유롭게 독서토론모임을 운영하면서 책 읽는 재미를 느끼도록 하는 게 목표"라며 "다만 최소한의 가이드라인과 독서활동을 승급점수에 반영하

는 등의 보상체계를 갖추고 있다”고 덧붙였다. 또한 직원들의 생일날이면 어김없이 ‘책 선물’을 하고 있다. 직원이 많다 보니, 매일 책이 100권 넘게 선물로 나간다.

아이디어가 춤추는 독서경영

이렇게 독서경영을 도입하고 난 후 동화세상에듀코에는 어떤 변화가 왔을까?

독서경영은 기업에 문화를 만드는 것이다. 약을 먹어 병을 고치는 것과는 다르다. 서서히 조직에 스며들어 강을 만들고 드디어 바다를 향해 나아가는 길고 긴 여정이 바로 독서경영의 길이다.

책을 읽고 느낌을 나누고 소통하니 ‘건의’하기보다 아이디어를 ‘제안’하는 직원들이 늘어났다. 사내 홈페이지의 ‘건의사항’을 올리는 코너에 주당 올라오는 글 수가 2배 이상 증가했다. 예전에는 일주일에 평균 105.5건의 글이 올라왔으나 ‘독서경영리더과정’이 끝난 6개월 후에는 평균 234.4건으로 크게 늘었다.

물론 글의 내용도 긍정언어로 바뀌었다. ‘불편함을 이야기하고, 고쳐 달라, 바꿔 달라’는 등의 건의사항이 81%였으나 독서경영리더과정이 끝난 후로 건의사항은 59%까지 줄어들었다. 대신 ‘아이디어를 제안하는 글’은 19%에서 41%로 크게 늘었다. 이런 작은 변화가 기업문화를 바꾸어가고 있다.

2013년 7월 11일, 동화세상에듀코가 2013년 서울특별시에서 주관하

CEO의 독서경영

는 '일자리창출 우수기업'으로 선정되었다. '일자리창출 우수기업'이란 고용이 활발한 우수 중소기업을 발굴하고 지원하여 민간기업의 일자리창출을 장려하고 사회 전반으로 일자리창출 분위기를 확산하기 위하여 지난 2011년부터 서울시에서 실시하고 있는 정책이다. 동화세상에듀코는 이에 부합하여 인증서를 받게 되었으며, 이를 계기로 더 많은 리더를 양성하기 위해 노력할 것이다. 이미 동화세상에듀코는 회사 내 8대 교육을 중심으로 다양한 교육시스템을 통해 회사의 기반을 탄탄히 만들어 왔으며, 2013년 초 전국 지사 100개를 돌파하는 기염을 토하며 끝없는 성장을 만들어가고 있다. 이런 성과는 회사뿐만 아니라 외부에도 좋은 영향을 많이 끼치고 있다.

사무실에 반짝반짝 빛나고 있는 1조 기업의 비전 보드, 꿈을 이야기하는 그의 눈빛은 별처럼 반짝거렸다. 반드시 이룰 것이고, 해낼 수 있다는 의지의 빛이었다.

회사가 성장하는 데는 세 가지가 필요하다. 직원들이 긍정적이어야 하고, 교육훈련을 받아야 하고, 리더를 잘 만나야 한다. 현재까지 발휘한 능력보다 앞으로 발휘할 수 있는 능력이 더 크다고 본다.

"매출이 1천억대 앞까지 와 있습니다. 앞으로 매출목표가 1조입니다. 사업 아이템을 다양하게 하면서 2014년부터 글로벌로 갈 계획입니다. 사업을 다양하게 해야 직원들에게 다양한 기회를 줄 수 있기 때문이죠."

회사 CEO 사무실에는 사진 몇 개가 뒤집혀서 거꾸로 걸려 있는데,

일부러 그런 것이란다. 거꾸로 생각을 하면서 새로운 아이디어를 창출하라는 의미에서이다. 엉뚱한 발상이 신선한 모티브를 마련한다는 것이다.

최근에는 이러한 성장의 결과로 새로운 사옥을 증축하게 되었는데, 꿈이 커가고 있는 현장을 함께 가보았다. 꿈꾸는 자는 성장을 멈추지 않는다. 땅을 매입하고, 건축물이 올라가고 있는 현장에서 가장 돋보이는 것은 역시 꿈을 향한 도전의 에너지였다. 좋은 에너지는 함께 있는 사람에게도 그대로 전해진다. 동화세상에듀코는 좋은 에너지가 넘친다. 리더의 좋은 에너지가 동화세상에듀코 가족에게 전해지고 직원들의 좋은 에너지가 함께 시너지를 내어, 꿈을 향한 그들의 발걸음에는 희망과 사랑으로 넘친다. 김 대표이사의 설명을 듣고 있으니, 나도 어느새 한국독서경영연구원 사옥을 짓고 있는 것 같았다.

집중도를 높여주는 '스탠딩 책상'

그의 업무 스타일은 독특하다. 업무를 보는 테이블이 스탠딩 책상이다. 거의 모든 업무를 서서 보는 것이다. 서서 업무를 보는 이유가 궁금했다.

"아무래도 앉아서 업무를 보는 것보다 서서 보면 집중도가 높은 것 같습니다. 처음에는 그냥 한 번 시범적으로 해 봤는데, 생각보다 훨씬 효율적인 것 같아서 서서 보는 책상을 하나 만들었습니다. 결재도 서서 하고, 서류정리도 서서 하고, 책도 서서 읽고, 그냥 서서 하는 것이 편합니다."

참 재미있는 발상이다. 전문가들에 의하면 우리 몸이 땅에 닿는 부위가 가장 작을 때 집중도가 높다는 연구결과가 있다. 사실 나의 경우도 반신욕독서를 제외하면 거의 서서 책을 본다. 집중도도 높고, 몰입하기도 좋기 때문이다.

역시 그는 말한다.
"황농문의 『몰입』이란 책을 보면서, 몰입의 경지에 이르는 데 좋은

것이 바로 스탠딩 책상임을 깨달았습니다.”

가정에서도 늘 책을 보는데 특히 화장실에서 책을 즐겨 본다고 한다. 책의 스토리에 홀딱 반해서 거의 한 시간을 넘게 읽었다고 한다. 가족들이 아무리 찾아도 안 보여서 외출한 줄 알고 있었는데 김 대표이사가 화장실에서 책을 읽고 있었다는 사실을 뒤늦게 알고 “못 말리는 독서광”이라고 하며 웃었다고 한다.

“책이 없는 집은 문이 없는 가옥과 같고, 책이 없는 방은 혼이 없는 육체와도 같다.”
    -키케로

교육 회사로는 최초로 가족친화 우수기업으로 선정된 기업, 김영철 대표이사가 지향하는 것처럼 '가족이 행복한 기업, 사람이 행복한 기업' 동화 같은 동화세상에듀코, 말뿐이 아닌 실현 속에서 조금씩 커나가고 있다.

자발적 섬김 문화로 연 25%씩 성장하고 있다. 100년 기업을 목표로 한 기업을 만들고 있다.

동화세상에듀코는 매년 새해의 힘찬 출발을 알리는 출정식 행사를 갖는다. 동화세상에듀코 가족 모두 하나의 목표를 향해 매진할 것을 다짐하는 자리다. 한 해를 시작하는 뜨거운 함성이 울리고, 굳은 의지를 다짐하는 시간이다.

김영철 대표이사는 신년사를 통해, “저희 회사는 사회에 빛이 되는 기업이 될 것”이라며, “대부분의 사람들은 능력이 부족해서 실패를 하는 것이 아니라 기다리면서 실패한다. 즉, 기다림이 부족하다"면서 절대 서둘지 말고 차분히 장기적인 10년 목표와 비전을 갖고 도전할 것을 강조했다.

특히, 2021년도 1조의 매출액과 20개 계열사를 목표로 설정한 것과 관련해서, "교육사업의 경우 현재 출생률 저하로 한계상황에 봉착할 수 있기 때문에 그것을 돌파할 수 있는 사업다각화를 위해 20개의 계열사를 목표를 삼고 있다"면서, 핵심인재는 외부에서 영입하겠지만 나머지 인원은 내부에서 충원할 계획이라고 설명했다. 직원들을 가족처럼 아끼는 김 대표이사의 마음이 깊이 묻어난다.

"창조만이 성장의 비결이다."
"창조가 있다면 금년도 목표 달성은 물론, 20개 계열사를 이룰 수 있다"면서, "창조는 DNA가 아니며, 재능도 아닌 process(과정)이다. 누구나 창조적 잠재력이 있으며, 그 프로세스를 잘 갖추면 된다"고 말했다. 동시에 "사람과 사람이 융합되고, 지식과 지식이 융합하고, 어제와 오늘이 융합되면 창조가 나오며, 창조는 기적을 만들어낸다"고 강조했다.
뜨거운 에너지가 흐르는 출정식이다. 그들은 세포 하나하나까지 창조로 이어가는 생활 속에서 창조를 찾는다.
직원들의 꿈을 키우는 기업, 그들은 2014년 슬로건을 'everyday creative'로 정했다.
남을 위한 삶이 곧 나를 위한 삶이라는 김영철 대표이사. 그는 직원을 생명처럼 아끼니, 꿈이 이루어질 수밖에.

내가 알고 있는 걸 당신도 알게 된다면

칼 필레머 지음 | 박여진 옮김 | 토네이도

지난 30년간 '인간과 삶의 가치'에 대해 연구해 온 칼 필레머 코넬대 교수는 5년에 걸쳐 70세 이상 인생을 산 1천여 명의 현자들을 직접 찾아다니며 통찰 깊은 조언을 구했다. '지금껏 살면서 얻은 가장 소중한 것은 무엇인가?'라는 질문을 통해 우리가 꼭 알아야 할 인생의 지혜와 조언들을 발굴해냈다.

그가 만난 현자들의 삶은 모두 합쳐 8만 년에 달했다. 그들은 3만 년의 결혼생활을 지켜 왔고, 3천 명의 아이를 키워냈다. 이 책은 이 엄청난 시간의 퇴적층에서 발굴된 보석 같은 교훈들을 담아낸 책이다.

이 책은 인간관계, 직업과 돈에 대한 결정, 육아, 결혼, 그리고 난관에 부딪혔을 때 대처하는 법과 후회 없이 사는 법 등 인생에서 일어날 수 있는 사소한 사건들부터 삶의 철학과 신념에 이르기까지 인생 전반의 조언을 담고 있다. 이 책에 등장하는 현자들은 우리의 '오래된 미래'다. 우리는 전혀 생각지도 못한 곳에서 지금 당신이 가지고 있는 삶의 문제를 똑같이 고민했고 그것을 극복해 온 사람들을 만날 수 있을 것이다.

인문의 숲에서 경영을 만나다 (3권 세트)

정진홍 지음 | 21세기북스

『인문의 숲에서 경영을 만나다 세트』는 CEO뿐만 아니라 일반 독자들에게도 인문적 통찰의 힘을 전파시키고자 SERI CEO 인문학 조찬특강 '메디치21'을 3권의 책으로 엮었다. 인문학에 대한 새로운 시각을 선사해 온 저자 정진홍이 이번에는 역사적 인물과 문학, 선인들의 철학적 사유를 통해 인생의 구석구석을 인문학적으로 바라본다. 이를 바탕으로 관념적이고 추상적이고 비현실적이기조차 했던 인문학이 어떻게 삶을 변화시킬 수 있는지 이야기한다. 누구나 겪게 되는 만남, 불안, 결정, 실패, 유머, 아부 등의 일상적 소재들을 인문학적 시선으로 풀어내고 있다. 그 일상의 사건들을 건너가는 과정에서 무엇을 발견하고 느낄 수 있는지에 대한 통찰을 제시한다.

유대인 이야기

홍익희 지음 | 행성B잎새

유대인은 어떻게 부의 역사를 만들었는가? 우리가 알고 있던 유대인에 대한 편파적인 지식에서 벗어나 유대인의 실체적 역사에 접근하고자 한 책으로, 쉽고 간결한 문체로 유대인 이야기를 그려냈다. 유대인의 조상 아브라함이 살았던 수메르 문명부터 시작하여 고대, 중세, 근대를 거쳐 오늘날에 이르기까지 세계사를 횡으로 보고, 그 큰 흐름 속에서 과학과 기술의 발달과

정을 종으로 함께 엮어 경제사를 입체적으로 파악한다.

경제의 역사를 주도한 유대인들이 어떻게 지금의 성공을 이룰 수 있었는지를 살피는 과정에서 유대인 역사의 인과관계를 파악하고 그들의 의식구조를 이해하기 위해 그들이 믿는 '유대인의 역사책'인 『구약성경』을 흥미롭게 인용하고 있다. 또한 '소금'이나 '다이아몬드'와 같이 세계 경제를 뒤흔들었던 흥미로운 주제들의 역사를 따로 뽑아서 유대인들이 어떤 역할을 했고, 이런 것들이 경제사적으로 어떤 의미를 갖게 되었는지 등을 연대기적 흐름과 연결시켜 설명하고 있다. 이를 통해 우리가 그동안 잘 알지 못했던 유대인의 특징과 세계 경제사의 흐름을 한눈에 살필 수 있을 것이다.

독서경영 10년,
책갈피에서 꿈이 피어나다

김종훈
한미글로벌 회장

꿈을 이루는 천국 같은 일터

만나야 할 사람은 꼭 만난다는 옛말이 있다. 날마다 독서천국으로 출근하는 나는, 날마다 천국으로 출근하는 회사를 만났다. 일하기 싫은 일터는 지옥이 되겠지만 천국 같은 회사로 출근하는 발걸음은 소풍 가는 아이마냥 신난다. 한미글로벌, 그들에게 일터는 어떤 의미일까? 구성원들의 꿈을 이루는 곳, 일터는 배움터요, 놀이터였다.

강남역 아침의 출근풍경은 어둡고 침울하다. 하지만 저녁이면 화려한 축제 분위기이다. 왜일까? 일터로 가는 표정과 놀이터로 가는 표정이 다르기 때문이다. 이와는 달리 한미글로벌의 출근풍경은 밝고 활기 넘친다. 바로 일터가 놀이터이기 때문이다.

독서경영 강의를 위해 한미글로벌을 방문했을 때, 마음의 궁금증을 풀 수 있었다. 깨끗하고 정돈된 회사 분위기와 환하고 친절한 미소를 느낄 수 있었다. 천국일터에서의 행복이 그대로 묻어났다.

어떻게 천국 같은 일터를 만들었을까?

한미글로벌 김종훈 회장은 말레이시아 현장근무 당시, 딸아이와 대화를 나눈 적이 있었다.

"왜 그렇게 시무룩하니?"

"내일부터 방학이라서요."

학교를 못 가니 우울해하는 아이를 본 그는 '아하! 바로 천국 같은 회사를 만들어야겠다!'고 다짐하게 되었다.

김종훈 회장은 서울대 건축공학과를 졸업하고 한샘, 한라건설, 삼성물산 등에서 근무해 온 일반 샐러리맨이었다. 그러다 사업을 시작한 결정적인 계기가 있었다. 삼성물산에 근무할 당시 삼풍백화점 붕괴사고를 눈앞에서 목격한 것이다.

"건설인으로서 삼풍백화점 붕괴사고를 보고 많은 걸 느꼈습니다. 우리나라 건설업이 이대로는 안 된다는 생각이 들었지요. 당시 삼성 그룹에서는 주요 건설현장은 무조건 외국인 감리를 받도록 대책을 마련했는데요. 시행 1년이 지나자 안전사고가 줄고 품질이 대폭 향상되는 한편 현장직원들의 의식도 개선되었습니다."

이러한 결과를 보고 김 회장은 사업 욕심이 섰다. 건설업에 필수적인 건설사업관리(CM)에 본격적으로 뛰어들겠다고 마음먹은 것이다. 물론 회사원 출신이 무작정 회사를 세우려니 어려움이 많았다.

"기왕 회사를 설립할 거라면 일반 회사와는 차별화된 기업을 만들어야 한다는 생각이 머릿속을 맴돌았습니다. CM 사업에 뛰어들면서 스스로에게 3가지를 약속했지요. 세계적인 CM 전문회사로 키우면서 건설산업의 발전에 기여하고 사회공헌을 생활화하며, 구성원 위주의 회사로 만든다는 것이었습니다. 특히 구성원들이 주인이 되는 '직장인의 천국'을 만들겠다는 목표도 세웠습니다. 한미글로벌을 100% 종업원지주회사로 만들게 된 데에도 이런 배경이 깔려 있었지요."

주인에게 일은 나의 일이지만, 종업원에게 일은 회사일일 뿐이다. 마음의 자세가 다를 수밖에 없다.

김 회장은 출근하고 싶어 가슴 설레는 회사, 유토피아 같은 직장을 만들고 싶었다. 일하기 좋은, 훌륭한 일터의 가장 중요한 조건은 배려하는 마음이다. 구성원끼리 서로 배려하는 것은 물론이지만 이에 앞서 회사가 구성원을 배려해야 한다. 그는 이 같은 믿음을 가지고 종업원지주회사를 만들었는데, 그가 직원들을 '구성원'이라고 부르는 이유도 바로 이 때문이다. 구성원들의 꿈이 커가는 회사. 그들의 일터가 바로 꽃자리다.

한미글로벌의 휴게실 입구에 쓰여진 'GWP Lounge'은 행복한 일터임을 말해 주는 문구라서 인상적이다. 'GWP'는 'Great Work Place'의 약자로 세계적인 컨설턴트 로버트 레버링 교수가 주창한 '즐겁고 행복한 직장 만들기 운동'이다. GWP운동의 취지는 구성원 간에 신뢰와 자부심을 심어 주어 말 그대로 행복한 직장을 만들자는 것이다. GWP운동을 실천하고 있는 한미글로벌은 3번의 대상을 포함하여 9년 연속 GWP상을 받았다.

독서경영 10년, 책갈피에서 꿈이 피어나다

지난 가을, '책 속의 향기가 운명을 바꾼다'는 주제로 한미글로벌에 강의를 갔다. 독서경영 10년을 지속적으로 해온 그들에게 또 무슨 강의가 필요했을까? 이미 조직에 독서문화가 잘 정착되었고, 독서 DNA로 가득 찬 그들의 독서근육은 건강하기만 했다.

 CEO의 독서경영

역시나 강의하면서 전해 오는 뜨거운 독서열정은 10년 독서경영의 내공을 여실히 느끼게 했다. 책갈피에서 피어나는 그들의 꿈은 한국을 넘어 세계시장에서 으뜸이 되도록 했다. 가치관의 공감대 형성, 창의적인 사고, 사고의 확장, 독특한 기업문화로 이어지는 그들의 독서토론으로 부서 간의 두꺼운 벽이 허물어지고, 계층 간의 위화감도 사라지는 등 아름다운 소통의 꽃이 피어나고 있었다.

지난 2003년 '독서릴레이'로 시작된 한미글로벌의 독서경영, 김종훈 회장의 의지로 회사 내에 독서문화의 뿌리가 튼튼하게 내렸다. 한미글로벌도 그렇지만 독서경영을 도입해 잘 정착시켜 나가는 조직의 리더들은 스스로가 매우 열정적인 독서가이다. 김종훈 회장은 '서재는 삶이 재창조되는 곳'이라는 철학을 가진 열렬한 독서광이다.

독서광인 그가 인생에서 가장 큰 영향을 받은 책은 어떤 책일까?
싱가포르를 선진국가로 이끈 리콴유(李光耀) 전 총리가 쓴 『리콴유 자서전』과 『내가 걸어온 일류국가의 길』이다. 동남아의 조그만 도시국가로 자원이 부족하고, 부패와 빈곤, 파업과 시위가 일상사였던 싱가포르를 가장 공정하고 깨끗한 선진국으로 발돋움시킨 리콴유의 불타는 애국심과 리더십이 이 책들에 잘 나타나 있다.

김 회장이 존경하는 분은 이순신과 세종대왕이다. 그는 이순신의 리더십을 연구하면서 '얼마나 고독한 영웅인가, 리더의 자리는 고독이 늘 따라다닌다'는 생각을 했다.

'한번 휘둘러 쓸어버리니, 피가 강산을 물들이도다.'

이순신이 한밤중 기러기떼를 바라보며 가슴속 근심을 표현한 이 한 문장이 김 회장의 가슴을 쓸어내렸다고 한다.

'천하를 얻으려면 5명이면 족하다'는 말이 있다. 1명의 스승과 1명의 책사, 3명의 충복이 바로 그들이다. 승리는 똑같은 방법으로 반복되지 않는다. 예상치 못한 테마가 지배하고 상승과 하락을 유발한다는 이순신 리더십은, 김 회장의 가슴속에서 위기를 지배하고 두려움을 지배하며 진정한 승리자가 되는 데 필요한 덕목으로 숨 쉬고 있었다.

그렇다면 김 회장은 왜 독서경영을 하게 된 것일까? 경영을 하다 보니, 책을 안 읽고는 안 되겠다는 절실함을 느끼면서 독서에 대한 확고한 필요성을 절감했다. 회사를 이끌어 가는 데 필요한 지식을 두루 섭

렵하기에는 책보다 좋은 것이 없다는 생각이 들었다. 기업을 성공시키려면 시대의 흐름을 정확히 분석하는 트렌드 읽기, 철학과 인문학적 소양까지 잘 갖출 필요성을 느꼈다.

독서경영을 처음 도입할 당시, 현장별로 조를 짜서 희망도서 신청을 받은 후 회사에서 책을 구입해 전달하면 조원들이 돌려가며 책을 읽는 방식으로 '독서릴레이'를 운영했다. 직원들은 매월 순서에 따라 책을 읽은 후 사내 홈페이지에 독후감을 올려서 공유했다. 이후 책을 돌려보는 방식이 번거롭고 관리가 어렵다는 지적이 제기되자 '도서구입비'를 지원하는 방식으로 바꾸었다. 지난 2005년부터 온라인 서점을 통해 직원들 개개인에게 연간 15만 원의 도서구입비를 지급하기 시작했고, 2009년부터는 지원금을 20만 원으로 늘렸다. 해마다 독서율이 감소하고 있는 우리나라 독서문화에 비추어보면 대단한 일이다.

회사에서 권하는 도서는 직무와 관련된 책뿐만 아니라 미래 트렌드, 경영, 자기계발, 문화, 예술, 시 등 다양한 분야를 포괄한다. 그리하여 지금은 독서가 하나의 기업문화로 자리 잡았다.

하지만 처음부터 전 직원이 열심히 녹서에 동참한 것은 아니있다. 자율적으로 하다 보니 참여율은 저조했다. 결국 김종훈 회장이 직접 나섰다. 업무와 출장으로 바쁜 가운데도 전 직원의 독후감을 이메일로 받아보면서 직접 챙기기 시작했다. 독후감을 보내지 않은 직원에게는 빨리 보내라는 독촉 메일까지 보냈다.

김 회장뿐만 아니라 임원진의 솔선수범도 돋보였다. 해외근무자를 제외하고 상무 이상의 임원진 39명 중 32명이 독서활동에 적극적으로 참여하고 있어, 참여율이 82%에 이른다.

한미글로벌 안식휴가제, 마음의 여유가 있어야 더 잘 달릴 수 있어

세종의 백성사랑은 한미글로벌 구성원들의 사랑으로 이어졌고, 세종의 사가독서는 한미글로벌의 안식휴가 제도로 이어졌다.

"휴가를 줄 테니 책만 읽도록 하라!"

1426년(세종 8년), 세종대왕은 사가독서(賜暇讀書)를 실시하였다. 사가독서는 조선시대 임금이 유능한 신하에게 하사했던 독서휴가 제도이다. 인재들이 일에 몰두하느라 독서에 전념하지 못하는 현실이 안타까워, 세종대왕이 최초로 시행한 제도이다.

이와 마찬가지로 김종훈 회장은 2003년부터 '일하기 좋은 기업 만들기(GWP, Great Work Place)' 프로젝트를 추진해 왔다. 이 프로젝트에서 가장 눈에 띄는 것은 안식휴가 제도 도입이다. 한미글로벌은 직원으로 10년, 임원으로 5년 이상 근무하면 안식휴가 대상자가 된다. 안식휴가는 2개월이나 되며 유급휴가이다.

"30여 년간 사회생활을 했는데, 그중 약 10년을 CEO로 기업을 경영하다 보니 재충전이 절실했지요. 인생 후반기에 대한 구상도 필요했고

　　　　　　　　　　　　　　　　　CEO의 독서경영

요. 설악산에 들어가 텔레비전, 전화뿐 아니라 일상의 일들을 모두 끊었습니다. 계획한 일과대로 등산과 사색을 즐기면서 마음속에 있는 묵은 때를 벗겨냈지요."

김종훈 회장은 매일 새벽 4시 30분에 일어나 2~3시간 등산로를 걷고 하루 한 권씩 책을 읽는다. 『리콴유 자서전』, 헬렌 니어링의 『아름다운 삶, 사랑 그리고 마무리』, 류시화의 『하늘호수로 떠난 여행』, 『스티브잡스』 등이 그가 읽은 책들이다.

"회사가 어느 정도 안정된 후 가만히 지난 일을 되돌아보니 너무 바빠 앞만 보고 달려온 것을 알게 됐습니다. 그래서 휴식을 통한 재충전을 갖기로 했습니다. 임원은 5년마다 직원은 10년마다 두 달 동안씩 안식휴가를 가도록 정했습니다. 제가 먼저 창업 10년 되던 해에 두 달의 안식휴가를 떠났습니다. 두 달 동안 회사와 연락을 끊고 정말 혼자만의 시간을 갖고 50권의 책을 정독했습니다. 지난해에는 두 번째 안식 휴가를 갔는데, 설악산에 틀어박혀 1일 1책 독서를 관철했습니다."

2006년부터 시직된 한미글로벌의 안식휴가는 회사를 천국으로 만들어 주었다. 안식휴가는 최고의 힐링과 재충전의 시간을 갖게 해주었다. 휴가를 다녀온 임직원들은 자신의 경험을 회사의 인트라넷에 올린다. 그러면 다른 사람의 휴가후기를 본 사람들은 자신의 안식휴가를 갈망한다. 최근 한 임원이 안식휴가 때 스페인의 산티아고 순례길을 답사하고 나서 사보에 쓴 순례기는 최고의 인기였다.

"그 기간 동안 휴대폰도 끄고 텔레비전을 멀리했습니다. 회사로부터 보고도 안 받고 업무지시도 하지 않았습니다. 42일 동안의 설악산 생활을 정리한 뒤에는 인도에도 다녀왔습니다. 휴가를 다녀오니 첫 직장에 출근하는 기분이 들더군요. 병원에 가서 건강검진을 받았더니 모든 기능이 좋아졌고 10년은 더 젊어졌다는 평가를 받았습니다."

김 회장은 직원들의 자기계발에도 지원을 아끼지 않고 있다. 직원들이 대학원 진학을 지원하거나 전산이나 어학 공부를 하면 1인당 연간 50만 원가량을 지원해 준다. 직원뿐만 아니라 배우자에게도 생일축하 케이크를 자신이 직접 사인한 축하메시지와 함께 배달해 준다. 주는 기쁨과 받는 즐거움을 나누는 구성원의 가족은 한미글로벌의 가족이다. 한미글로벌은 이런 배려를 인정받아 2009년 보건복지가족부로부터 '가족친화 우수기업'으로 선정되기도 했다.

그는 우리나라에 CM(건설사업관리)이란 새로운 사업영역을 처음 도입해 우리 건설산업을 한 단계 업그레이드한 선구자로도 유명하다. CM(Construction Management)은 건설사업의 기획, 설계부터 발주 시공 및 유지관리 단계에 이르기까지의 전 과정, 혹은 일부를 사업주의 대리인 및 조정자의 역할을 맡아 통합 관리하는 서비스를 일컫는다. 서울 월드컵 경기장, 도곡동 타워 팰리스, 삼성동 I-Park, 여의도 국제금융센터, 평창 알펜시아 리조트 등이 모두 한미글로벌의 작품이다.

한미글로벌은 세계 시장에서도 엄청난 성과를 올리고 있다. 창립 10주년 만에 세계적인 건설 주간지인 미국의 ENR의 순위에서 세계

CM업체 중 18위(미국 제외)에 올랐고, 2008년에는 16위로 순위가 뛰었다.

눈빛은 밝게, 영혼은 맑게, 꿈 너머 꿈으로

오드리 헵번은 "손이 두 개인 이유는 한 손은 나 자신을 돕고 한 손은 다른 사람을 돕기 위해서"라고 말했다. 한미글로벌의 한 손은 이웃 사랑으로 이어진다. 김종훈 회장은 직장생활을 하던 시절 우연히 회사의 봉사활동에 참여했는데, 돌아오는 길에 그렇게 기분 좋을 수 없었다. 남에게 베푼다는 것은 곧 행복이다. 한미글로벌은 직원을 채용할 때 사회공헌을 의무화하고 있는데, 직원들은 매월 월급의 1%를 기부하고 회사는 그 2배를 기부하고 있다. 직원 월급의 3%에 상당하는 큰 금액이 사회공헌에 쓰이는 셈이다. 매월 넷째 주 토요일은 전 직원이 '사회공헌의 날' 활동을 하고 있다.

최근 저출산 문제가 심각한 사회 문제로 떠오르자 한미글로벌은 파격적인 지원을 해주었다. 이 회사는 신입직원을 선발할 때 '4명 자녀 갖기 서약서'를 받는다. 회사는 자녀수에 관계없이 하자금을 지원하고, 자녀가 3명 이상인 직원에게는 인센티브도 제공하고 있으며, 친자녀뿐만 아니라 입양아에 대해서도 대학까지 학비를 지원해 주고 있다.

김종훈 회장은 김정운의 『노는 만큼 성공한다』를 읽었는데, 그는 잘 노는 것에 대해서도 관심이 많다. 그는 일과 휴식의 균형을 적절히 유지하고, 스트레스를 씻어내는 여행도 즐긴다. 여행은 새로운 것과의 만남이고 설렘이다. '발칸클럽'이란 여행 동호회를 만들어 세부 일정을 직접 기획하고 필요한 것들을 준비한다. 이런저런 어려움과 불편을 겪어도 매년 거르지 않고 몇 차례 여행을 다니는 것은 준비과정에서 느끼게 되는 새로운 것에 대한 설렘과 행복 때문이다.

'발칸클럽'을 조직한 그는 2010년에 체코와 오스트리아로 예술여행을 다녀왔고, 2011년 터키일주여행, 2012년 남미여행, 2013년에는 지중해크루저를 다녀왔다. 김종욱 전 우리투자증권 회장, 원대연 한

국패션협회장 등이 이 여행 동호회의 회원으로 참여하고 있다. 김 회장은 "비행기 보딩패스 1천 개 확보가 목표"라며 "그때까지 뛰다 보면 회사를 세계 CM업계 10위권에 올려놓을 수 있을 것"이라며 밝게 웃었다.

그는 발칸클럽 회원들의 여행후기를 엮은 책을 내게 보여주셨다. 『2010 체코, 오스트리아로 떠난 예술여행』이다. 아름다운 건축물과 역사가 어우러진 여행기에 그들의 추억이 그대로 녹아내렸다. 책 속의 아름다운 건축물들을 보니 어느새 내 마음도 그곳을 거닐고 있었다. 가보고 싶고, 머물고 싶은 곳이다.

"책은 내 마음속의 언 바다를 깨는 도끼와도 같다."
-프란츠 카프카

시를 좋아하는 따뜻한 감성까지 소유한 CEO, 김종훈 회장이 즐겨 암송하는 시이다.

지금 알고 있는 걸 그때도 알았더라면
                            류시화

지금 알고 있는 걸 그때도 알았더라면
내 가슴이 말하는 것에
더 자주 귀 기울였으리라
더 즐겁게 살고, 덜 고민했으리라

금방 학교를 졸업하고 머지않아
직업을 가져야 한다는 걸 깨달았으리라

지금 알고 있는 걸 그때도 알았더라면
나는 분명코 멈추는 법을 배웠으리라
내 육체를 있는 그대로 좋아했으리라
내가 만나는 사람을 신뢰하고
나 역시 누군가에게 신뢰할 만한 사람이 되었으리라

입맞춤을 즐겼으리라
정말로 자주 입을 맞췄으리라
분명코 더 감사하고,
더 많이 행복해 했으리라
지금 내가 알고 있는 걸 그때도 알았더라면…

김 회장은 아침 5시 기상하여, 신문을 읽고, 책을 읽으며, 아침산책을 1시간가량 한다. 책으로 마음을 채우고, 운동으로 건강을 지키며 그는 첫 새벽을 연다.

그는 조만간 회사 일에서 손을 떼고 사회봉사 활동에 전념할 생각이다.

"저는 2004년에 회사를 자식에게 물려주지 않고 가장 유능한 직원에게 경영권을 승계하겠다고 직원들에게 공표했습니다. 제2의 인생을 위해 사회봉사 모임인 '따뜻한 동행'과 사단법인 'CEO지식나눔'도 만들었습니다."

　한미글로벌을 창업한 이후 희로애락의 길을 묵묵히 달려온 그는 미래에 다가올 인생 2막에 대한 설렘으로 '눈빛은 밝게, 영혼은 맑게, 또 다른 꿈을 향해' 조용한 미소를 짓고 있다.

리콴유 자서전

리콴유 지음 | 문학사상사

타고난 현실감과 정확한 판단력, 대중적 인기에 영합하지 않는 확고한 신념, 그리고 적과 동지를 넘나드는 능수능란한 정치술로 오늘날의 싱가포르를 이루어낸 최고의 정치 지도자 리콴유를 통해 싱가포르의 현대사를 바라본 책이다. 이 자서전을 통해 우리가 단지 '정치가 리콴유'로만 알고 있던 그의 개인적인 면모를 자세히 엿볼 수 있다.

노는 만큼 성공한다

김정운 지음 | 21세기북스

행복하고 재미있는 성공을 꿈꾸는 사람은 물론, 갑자기 늘어난 여가시간에 당황해하는 사람 모두가 읽어야 할 주5일 근무 시대의 필독서이다. 압축성장의 그림자가 가장 극명하게 드러나는 한국의 여가문화의 문제는 재미, 행복, 휴식의 심리학적 가치, 철학적 의미가 정립되어야만 해결될 수 있다고 지적하고 있다. 저자는 '일하는 것'은 세계 최고이나 '노는 것'은 후진성을 면하지 못하는 한국 사회의 근본문제를 체계적인 문화심리학적 이론을 통해 통렬하게 지적하고 있다. 아울러 늘어난 여가시간을 개성 있게 즐기지 못하기 때문에 놀면서도 여전히 불행한 뿌리 깊은 집단심리학적 질병을 벗어나, 선진사회형 놀이문화가 어떻게 가능한가에 대해 자세하게 설명하고 있다.

아름다운 삶 사랑 그리고 마무리

헬렌 니어링 지음 | 보리

이 책은 저자가 87세에 쓴 자서전이자 남편인 스코트 니어링과 53년간 함께한 삶의 역정을 보여주는 책이다. 헬렌과 스코트 니어링이 반세기 동안 서로의 빈 곳을 채우며 함께한 '땅에 뿌리박은 삶'은 수많은 이들에게 참으로 충만한 삶과 죽음을 어떻게 맞이해야 하는지를 보여주고 있다.

　책 제목처럼 삶, 사랑, 마무리에 대하여 전범을 제공하고 있어 항상 옆에 두고 음미할 책이다. 아울러 이 부부의 공저인 『조화로운 삶』은 같이 읽어 보면 좋을 것이다.

독서는 모죽처럼
결실을 거두게 한다

송무현
(주)티엠씨 회장

꿈과 희망, 미래가 있는 기업

꿈과 희망, 미래가 있는 기업 ㈜티엠씨, 변화하는 세계에서 항상 한 발 앞서가는 고객 만족의 경영을 실천하는 세계 속의 ㈜케이피에프, 두 개의 회사를 열정적으로 이끌어가며 세상에 우뚝 선 기업인 송무현 회장. ㈜티엠씨는 1991년 7월 설립된 서진공업㈜이 모체다. 당시 서진공업은 선박용 전선 공정 부문에 주력했으나 지금은 23개국에서 선박용 해양 케이블 분야 및 인도어용 광케이블 부문에서 세계 시장을 선도하는 세계 1위 기업이나.

㈜케이프에프는 산업용 화스너 및 열간 단조가 기본 공정인 베어링을 위시한 자동차 부품 등으로 세계 시장에서 품질을 인증받고 있다.

지난 2012년 런던 올림픽 스타디움의 구조물을 접합하고 지지할 수 있는 T/C 볼트 120만 톤을 공급하여 세계인의 제전인 올림픽의 성공에 힘을 더하기도 했으며, 그해 1억 불 '수출의 탑 달성' 수상도 했다.

㈜티엠씨는 선박·해양용 케이블 산업의 세계적 기업으로 기술력과 품질력 부문에서 선도적 위치를 점하고 있으며, 구미(歐美)·일본(日本)·중국(中國) 등 다양한 프로젝트의 공급 파트너로 선정되었을 뿐 아니라 신흥시장 개척을 통해 최고의 경쟁력을 확보해 나가고 있다. ㈜티엠씨는 2008년 선박·해양용 시장 1위에 등극한 이후, 연평균 15% 이상의 압도적인 성장을 지속해 나아가고 있다. 2012년에 2억 불 수출탑을 수상했으며, 2013년은 전반적인 전기동 가격의 약세, 환율 하락 등으로 주요 전선업체들의 실적이 부진한 가운데에도 ㈜티엠씨는 4,000억 원에 육박하는 매출액을 달성할 전망이다.

선박·해양용 케이블 시장은 진입장벽이 높은 것으로 평가된다. 범용 케이블 생산을 영위하는 보통의 기업과는 달리, 기술력은 물론 막대한 투자비가 선행돼야 하며 제품 생산과 관련한 인증 취득의 어려움 때문이다. ㈜티엠씨는 78%에 달하는 수출 비중과 최근 3년간 평균 28% 이상의 매출 성장률 등 우수한 성장잠재력을 인정받아 2013년 10월, 한국수출입은행이 선정하는 '한국형 히든챔피언 육성대상기업'에 선정되기도 했다.

히든 커뮤니케이션의 힘

무엇이 이렇게 놀라운 성장의 동력이었을까? 꿈을 키우는 그의 손에는 늘 책이 있다. 막연한 꿈이 아니라 그는 끊임없이 탐독하고, 치밀하게 계획하며 광대한 조감도를 제시한다.

회사와 직원들의 꿈을 키우고 함께 소통하기 위해서는 마음을 나누는 히든 커뮤니케이션이 필요하다. 책을 함께 읽고 생각을 나누는 것은 생각을 공유하고, 목표를 향해 나아가는 공감대를 형성하기 위해서이다.

『히든 커뮤니케이션』의 저자 공문선은 "보이는 대화는 7%이고, 보이지 않는 대화는 93%"라고 한다. 평소 송 회장은 목소리가 낮고 말씀이 많지 않다. 보이는 대화보다 보이지 않는 대화에 강한 분이다. 그런 까닭에 그의 말에는 강한 파워가 있다. 그가 말을 할 때면 모두가 숨죽이고 조용히 경청한다. 그는 말에 책임을 지는 사람으로 한 번 약속한 것은 반드시 지키는 것을 생명으로 생각하며 실천하는 '행동하는 리더'다.

나는 서울대 공부 모임에서 송 회장을 처음 만났다. 선한 눈빛과 말수가 적은 조용한 성격의 인물이었다. 책 이야기로 대화의 문을 열었는데, 마침 같은 책을 읽고 있던 터라 공감대가 쉽게 형성되어 첫 만남이 어색하지 않았다. 평소 바쁘다는 핑계로 독서를 많이 못 하는 것이 사실이라며, 송 회장은 회사의 독서문화를 위해 독서경영 특강을 요청해 왔다.

㈜티엠씨 강의를 위해 처음 회사를 방문하던 날, 참으로 신기하고 놀라웠다. 축구장 3개 정도쯤 되는 넓은 마당에는 케이블을 감아 놓은 드럼들로 가득했다.

이런 케이블은 어떻게 만드는 걸까? 호기심과 궁금증으로 가득한 나에게, 담당자는 제품의 공정 과정을 전시한 연구소로 안내했다. 영하 65℃에서도 기능하는 내한성(耐寒性) 케이블이 ㈜티엠씨에 의해 세계 최초로 개발되었다고 했다. 기존 내한성 케이블이 영하 50℃가 최고 수준이었으니, ㈜티엠씨의 케이블은 이를 15℃나 더 추운 환경에서도 기능하는 케이블이었던 것이다. "극저온과 함께 내화는 선박·해양용 케이블 시장의 최대 화두로, 이 개발로 티엠씨는 선박·해양용 케이블 분야에서 세계 최고의 기술력을 확보했다고 평가받고 있다"는 담당자의 설명을 들으니, 역시 앞서가는 기업에는 그에 걸맞는 우수한 인재가 있다고 생각했다. 기업의 성장을 주도하는 것은 사람이니만큼, 인재경영의 중요성을 티엠씨는 분명하게 인식하고 있었다. 인재를 만드는 기본 토양은 역시 '독서'이다.

송무현 회장은 ㈜티엠씨에서 독서경영이 잘 뿌리 내리도록 강의해 줄 것을 부탁한다고 말씀하셨다. 직원들이 억지로 책을 읽는 것이 아니라 좋아서 볼 수 있는 분위기를 조성해 달라 하셨다.

책을 왜 읽어야 하는지, 읽으면 왜 좋은지, 어떻게 읽는 것이 효율적인지, 책 속의 아이디어는 어떻게 찾을 것인지에 대한 독서경영 특강이 시작되었고, 이어서 독서코디네이터 양성과정을 진행했다. 독서코디네이터란 한 부서에 한 명씩 독서리더를 선정하는 것이다.

하루 동안 독서리더의 역할과 스킬을 배우고 나누며, 진정한 독서리더의 모습을 스스로 만들어가는 시간이었다. 처음에는 어색해하고 접근하기 어려워했던 그들이, 시간이 지나면서 독서에 열정을 높여갔다.

송 회장은 요즘 고민이 하나 있다고 말씀하셨다. 회사가 급성장을 했는데, 임직원의 내적 성장도 함께 이루어져야 회사가 안정적으로 나아갈 수 있다는 것이다. 뿌리가 튼튼하면 쉬이 바람에 꺾이지 않는다. 송

회장은 ㈜티엠씨를 두고 '모죽'의 기다림과 같다며 모죽의 삶과 티엠씨의 삶을 비교하며 말씀하셨다,

대나무 중 최고로 치는 모죽은 씨를 뿌린 후 5년 동안 아무리 물을 주고 가꾸어도 싹이 나지 않는다고 한다. 하지만 5년이 지난 어느 날 손가락만 한 죽순이 돋아나, 주 성장기인 4월이 되면 갑자기 하루에 80cm씩 쑥쑥 자라기 시작해 30m까지 자란다.

그렇다면 왜 5년이란 세월 동안 자라지 않았던 것일까? 의문에 의문을 더한 학자들이 땅을 파보았더니 대나무의 뿌리가 사방으로 뻗어나가 10리가 넘도록 땅속 깊숙이 자리하고 있었다고 한다. 5년간 숨죽인 듯 아래로 아래로, 뿌리를 내리며 내실을 다지다가 당당하게 세상에 모습을 드러낸 것이다. 마치 물이 끓기까지 변화 없는 모습을 유지하다가 갑자기 끓기 시작하는 것처럼 모든 사물에는 임계점이 존재하며 여기에 도달하면 폭발적으로 성장하는 것과 같은 이치이다.

"나무는 그 열매에 의해 평가받고, 사람은 일에 의해 평가된다."
-탈무드

많은 사람들이 참으로 쉽게 포기를 한다. 하지만 성공한 사람들의 공통점은 포기를 모른다. 그들은 실패는 해도 실망하지 않는다.

오히려 거듭되는 실패에서 성공으로 가는 길을 발견한다. 분명 성공할 날이 올 거라는 긍정적 자세로 차곡차곡 내실을 다지며 싹이 돋아나기를 기다릴 줄 안다.

오늘의 수고가 미래의 성공을 위한 밑거름이 된다고 확신한 것이다.

아무리 열심히 해도 발전이 없고 언제나 제자리걸음이라고 생각하여 포기하고 싶을 때, '모죽'이 자라기 전처럼 긴 침묵의 시간 동안 묵묵히 제 갈 길 가며 기다린다면 어느 날 오롯이 싹이 돋아나고 금세 쑥쑥 자라서 성공의 열매를 맺을 것이다. 세상에 헛된 수고는 없다. 매순간의 노력이 진화의 혁명을 거쳐 성공으로 이어지는 법이다.

천안 시민들의 사랑을 받고 있는 중구봉은 9개의 봉우리(일명 구봉산) 중에서 제일 큰 봉우리인데, 이 근처에 아홉 재상이 나오는 비룡상천의 명당이 있다고 예부터 전해 온다.

실제로 산 밑에 독립운동가 이동녕 선생, 재상 조명호와 조경호, 학자 정인보의 생가 터가 있고, 산봉우리에 기우제단이 있다.

당일 산행지로 천안 시민들과 인근의 산꾼들이 운동을 위한 등산코스로 애용하는 중구봉 아래, 골 깊은 곳에서 흘러내리는 물이 있고 양지가 바른 곳, 서진공업으로 출발한 현 북면 공장이 있다.

3킬로미터도 더 되는 공장 앞길에는 봄이 오면 벚꽃이 흐드러지게 핀다. 나란히 양옆으로 서서 가끔씩 오가는 버스며 행인을 감탄시키고, 가을이면 색색의 코스모스가 어우러져 천안 '흥타령 탐사길'의 한몫을 한다.

그는 지금도 생각이 많아지고 가슴이 답답할 때는 북면 공장을 찾는다.

복잡한 머리가 맑아지고 마음이 고요해진다고 한다.

송 회장은 1991년 15명의 소중한 인재들과 자본금 7억으로 어렵게 이곳에 공장을 신축했으나, 750평의 텅 비다시피 한 공장에 채울 설비도 없었고 일거리도 없었다. 실적이 없는 회사에 수주가 있을 리 만무했다. 넓은 공장 안에서 할 일이 적은 직원들은 족구하는 날이 많아졌다. 이런 모습을 지켜보고 있는 송 회장의 마음은 얼마나 고독했을까? 그는 고독할 때마다 시(詩)를 읽는다. 세상의 소음이 사라지고, 마음의 근심이 녹아내리는 시인의 음성은 그에게 고독을 씻어 주는 정화수가 된다. 송 회장은 92세에 처음 시를 쓰기 시작해 99세에 첫 시집 『약해지지 마(くじけないで)』를 발간한 시바다 도요(柴田トヨ)의 시를 즐겨 읽는다.

돈 있고 권력 있고 그럴듯해 보여도 외롭고 힘들긴 마찬가지다. 그래서 사람에겐 저마다 위로가 필요하다. 그녀의 시집은 발간 후 6개월 만에 70만 부가 넘게 팔려나가 초베스트셀러가 됐다. 아마도 그 작은 시집에는 '위로의 바이러스가"가 묻어 있는 것 같다.

99년의 세월을 살아온 도요는 말한다.

"나 말이야,

사람들이 친절하게 대해 주면

마음속에 저금해 두고 있어.

외롭다고 느낄 때 그걸 꺼내 힘을 내는 거야.

당신도 지금부터 저금해 봐.

연금보다 나을 테니까."

"인생이란 늘 지금부터야.

그리고 아침은 반드시 찾아와.

그러니 약해지지 마!"

성장 동력의 핵심은 사람에 대한 신뢰

연이은 설비투자를 통해 조금씩 매출이 늘어나기 시작했다. 전 직원이 협심하여 제품을 만들고, 꾸준한 성장 속에 전 직원은 한 가족이 되었다. 송 회장은 직원들의 마음을 얻는 길은 신의라는 것을 늘 마음에 새겼다. 그가 가는 곳은 언제나 신의가 그림자처럼 따라다녔다. "한 번 맺은 신의는 반드시 지킨다. 이는 350년 역사를 이어간 메디치 가(家)의 철학이기도 하다."

이런 까닭에 서진공업㈜은 뚜벅뚜벅 성장해 나갔다. 안정적으로 사

CEO의 독서경영

업을 확장해 가던 때 갑자기 한국 경제에 칼바람이 불어왔다. IMF가 온 것이다. 18억 5천만 원 상당의 매출채권 부도가 발생했을 때 송 회장은 망연자실했다.

그러나 부도는 죄악이라며, 절대로 남에게 피해를 끼치지 않겠다는 강한 의지의 사나이는 어려워진 회사를 살리기 위해 몸부림을 쳤다.

회사를 살리기 위한 극한 방편으로 구조조정을 해야 했다. 너무나 괴로워 끊었던 담배를 다시 물었다. 지성이면 감천이라고 했던가. 직원들이 자발적으로 성과급을 반납하겠다며, 전 직원이 서명을 했다. 어려움 속에서도 한결같은 열정과 헌신으로 회사를 살리는 길에 동참하겠다는 전 직원의 애사심이 눈물겹도록 뜨겁게 그의 마음을 적셨다.

송 회장은 그때가 생각났는지 고개를 들어 하늘을 보신다.

고통을 분담하여 회사를 살리게 되면, 이를 잊지 않고 기쁨도 반드시 나눌 것이라는 확신이 직원들의 한결 같은 마음이었을 것이다. 노사 간의 믿음이 커지면서 ㈜티엠씨는 20여 년간 한 번도 노사분규가 없었다.

어려움을 극복한 송 회장은 '진정 우리가 살 길은 무엇인가'라고 생각했다. 답은 '신뢰'라는 깃발 아래 모인 핵심 인재들이었다. 기업의 핵심 축은 제품과 사람이다. 최초가 되고 최고기 되었을 때 살아남는다. 사람도 최고가 되어야 하고, 이를 위해 인재경영은 필수다. 배우고 연구하고, 생각하는 힘은 역시 독서다. 독서는 회사를 키우는 원동력이기 때문이다. 그래서 임직원들에게 한국독서경영연구원의 도움으로 매달 한 권의 책을 선정, 독서경영을 진행 중이다. 아직은 걸음마 단계이지만 독서문화 형성을 위한 뿌리를 내리고 있다.

"책은 위대한 천재가 인류에게 남겨 주는 유산이며, 그것은 아직 태어나지 않은 자손들에게 한 세대에서 다른 세대로 전달되는 선물이다."

-토머스 에디슨

그는 경남 진주 포목집 8남매 중 여섯째로 비교적 윤택한 집안에서 태어나 의사가 되라는 부모님의 희망을 뒤로하고 고려대 금속공학과를 우여곡절 끝에 졸업, 대우중공업·진로산업에서 경력을 쌓은 후 15년 만에 온전한 기업가의 길로 들어섰다.

그의 숨은 매력은 지극히 순수한 인간애다.

오랫동안 차근차근 계획하고 꼼꼼하게 준비해서 큰 뜻을 품고 창업을 했지만, 사업은 결코 녹록하지 않았다. 어렵게 시작한 사업이 고비고비 흔들릴 때마다 "너는 해낼 수 있다. 세상 누구보다도 난 너를 믿는다"며 용기를 북돋아 주고 재정적으로 큰 힘이 되어 준 사람이 있었다. 의사였던 큰 매형은 그의 열렬한 후원자이자 멘토였다.

지금도 그 고마움을 잊지 못해 그는 8남매 부부 모두와 1년에 한두 번 여행을 한다. 송 회장이 1948년생이고 여섯째이다 보니 연세들이 많으시다.

그의 인간적인 매력은 또 다른 곳에서 찾아볼 수 있다. 바로 진주 배영초등학교 동창들과의 우정이다. 대부분 일선에서 멀어져서 흰머리에 주름진 친구들과 아무 이해관계 없이 어릴 적 순수함을 느끼며 30여 명을 데리고 제주도로 울릉도로 여행하면서 바쁜 일상도 비우고, 감사도 배우신다며 작년에 울릉도에서 찍은 사진을 보여 주신다.

형제자매 식구들과도 초등학교 동창들과도 여행비는 늘 그가 담당한다.

송 회장은 타인을 배려하고 관대하나 자신에게는 엄격하고, 베풀기를 즐겨하지만 그의 삶은 검소하디.

송 회장은 "선박용 케이블은 배의 혈관과 같다"며 "외부와 단절된 바다 한가운데서도 안전하게 동작해야 하기 때문에 내연성·내화성 등 품질이 뛰어난 제품을 만드는 게 관건"이라고 설명했다.

그는 "납기 속도나 사후 관리에서는 어느 기업도 따라올 수 없다"고 자신했다.

조직의 스피드와 효율을 강화해 실행력 강한 회사가 될 수 있었던 것
은 의사결정이 신속한 칭기즈칸의 리더십을 실천한 탓이다.

기회는 준비된 자에게 오는 신의 선물이다

송 회장은 '꿈이 큰 사람'이다. 어떤 것에도 한계를 두지 않고 늘 도
전을 두려워하지 않는다.

"창업을 생각했을 때부터, 30년 안에 그룹으로 키우겠다는 꿈을 품
었다"고 했다.

"대기업에서 성실히 근무할 때도 늘 자신의 이름을 건 사업을 하겠
다는 꿈이 있었기에 더 열심히 배우고 치열하게 몰입해서 일을 할 수
가 있었다"고 했다.

주위에서는 "잘나가는 대기업을 나와 무슨 고생을 하려고 하느냐"며
혀를 내두르고 창업을 반대도 했지만 송 회장은 "나는 그릇이 크다"는
생각으로 10여 년 묵묵히 종자돈을 모아 사업을 시작했다. 그는 단호함
과 통 큰 리더십, 그리고 침착하지만 대범하고 누구보다 뛰어난 예지력
과 결정력을 지닌 사람이다.

송 회장의 경영원칙 중 하나는 불필요한 비용을 최소화해 생산성을
높이는 것이다. "제조업을 몇 십 년 경영했다고 별다른 노하우가 있는
게 아니다"라며, "제조업은 품질과 원가경쟁력, 납기를 지키는 원칙이
중요한 만큼 최고의 경쟁력을 확보해 시장 환경 변화에 적극 대응하고
경쟁사 대비 우위를 선점해야 하며, 변화와 발전을 위해서는 무엇이든

지 절실하게 묻고 끊임없이 생각해야 시야가 트이고 목표의식과 책임 감도 생기는 것"이라고 했다.

지금 ㈜티엠씨는 넥상스와 JS전선, LS전선 등 유수의 대기업들을 제치고 선박 · 해양용 케이블 시장점유율 1위를 달리고 있다. "선박 · 해양용 케이블 세계 1위라는 타이틀에 만족하지 않고 항상 새로운 시장에 도전해 고부가가치 시장을 개척하겠다"는 송 회장의 목소리에서 강한 의지를 느낄 수 있었다.

송 회장이 경영하고 있는 또 다른 회사인 ㈜케이피에프는 현재 3,500억 원 규모의 매출을 올리는 코스닥 상장기업으로 지난 2008년 인수한 회사다. ㈜케이피에프의 거래처는 세계 500여 개 기업이다. ㈜케이피에프의 업력(業歷)이 50년인 만큼, ㈜케이피에프라는 브랜드만 봐도 고객사들은 제품을 믿고 산다. '납기는 반드시 지킨다'는 ㈜케이피에프의 원칙이 있었기에 가능한 것이다. 국내외 어려운 경제 사정에도 불구하고 위기 극복을 위한 실행력 강화와 효율 극대화로 인수 당시와 비교하면, 3배 이상 매출 규모가 뛰었다.

송 회장은 "친구들은 나보고 성공했다고 하지만 아직 꿈이 많다"고 말했나. 연구개발(R&D) 투자를 계속 강화해 특수케이블 분야는 물론 새로운 먹거리를 찾는 것도 그의 목표 가운데 하나다. 이를 위해 2014년 6월에 입주할 경기도 판교 신사옥에 연구소를 더 만들 예정이다. 고급 엔지니어들이 지방 근무를 꺼리는 점을 감안해 내린 결정이다. 송 회장은 "아직 구체적인 실천계획이 나온 것은 아니지만, 시장 상황이 호전되고 지속적인 연구개발 효과가 제대로 나타난다면 ㈜티엠씨와 ㈜케이피에프, 티엠씨건설 등 송현 그룹 계열사 전체 매출은, 3년 이내

1조 원 달성이 어렵지 않을 것”이라고 자신했다.

　외유내강인 송 회장은 원칙을 버리고 타협하지 않으며 매사에 끈기와 인내가 강한 분인데, 어느 때는 생각보다 행동이 빠른 역동적인 사람이다.

　침착하고 대범하지만 때로는 호기심 많은 소년 같다가도 말이 없어, 그의 주변에서는 ‘크레물린’으로 통한다. 그리고 본인도 인정하는 ‘곰’으로도 통한다.

　천성이 부지런한 그는 어떤 생각에 꽂히면 온 에너지를 모아 집중하는가 하면, 꽂힌 일에는 장단기 계획을 세밀하게 세워 최선을 다하는 그에게 매달 특별한 행사가 있다.

　지극정성으로 방생을 하는 것이다. 그의 이런 정성에 하늘도 땅도 감동했을 듯하다.

　20년이 넘도록 단 한 달도 거르지 않고 그렇게 바쁜 그가 시간 내어 방생을 한다니…….

　무슨 특별한 사연이 있는 것일까? 조심스럽게 여쭤 보았다.

　오래전 9살 된 아들을 뇌종양으로 잃었다. 부모는 자식을 가슴에 묻는다고 하는데…….

　그는 깊은 눈빛으로 말없이 방생을 하면서 무슨 생각을 했을까?

　“그냥…… 맘이 편해져서…….”

　그는 혼잣말처럼 말끝을 흐린다.

송무현 회장과 송현 그룹 전 임직원들은 미래를 꿈꾸게 하는 다섯 가지 키워드, '비워라, 새겨라, 꿈꿔라, 믿어라 그리고 즐겨라'를 가슴 깊이 새기고 광대한 조감도의 꿈을 향해 달리고 있다.

나 자신과의 대화

넬슨 만델라 지음 | 윤길순 옮김 | 알에이치코리아

인간의 평등과 민주주의에 대한 확고한 신념을 갖
고 '행동하는 양심'으로 세계의 민중을 위해 온 생
애를 바친 전 남아프리카공화국 대통령 넬슨 만델
라의 자서전. 그가 자신의 개인 문서 보관소를 열어
파란만장한 생의 주목할 만한 장면들에 대하여 유
례없는 통찰을 들려준다. 한 번도 공개되지 않았던

만델라의 개인 기록에 근거하여 위대한 지도자의 사생활을 들여다보
는 독특한 창이다.

1960년대 초반 반(反)아파르트헤이트 운동을 하면서 쓴 일지, 27년여
의 수감 생활을 하는 동안 로벤 섬과 여러 감옥에서 쓴 편지와 일기, 아
파르트헤이트를 철폐한 후 과도기에 작성한 노트, 사적 대화의 녹취록,
대통령 재직 시 주고받은 각종 서한과 연설문 등 주로 넬슨 만델라 재
단이 수집한 역사적 의미의 기록들이 한데 어우러져 생생하고 감동적
인 서사로 되살아난다.

대통령 퇴임 이후 모든 현직에서 물러난 뒤에도 만델라는 여전히 인
종차별을 비롯하여 무지와 악습이 만들어낸 각종 차별에 저항하는 인
권운동의 아이콘으로 존재감이 생생하다. 또한 27년여라는 믿을 수 없
는 옥살이를 견딘 후 마침내 남아프리카공화국 최초의 흑인 대통령으

로 선출된 인간 승리의 상징으로서 세계인들을 감동시킨다.

영혼의 미술관

알랭 드 보통 지음 | 김한영 옮김 | 문학동네

살아가면서 어쩔 수 없이 마주하게 되는 인생의 질문들이 있다. "우리는 더 잘 사랑할 수 있을까?", "좋은 연인이 된다는 건 무엇일까?", "우리는 어떤 사람이 되려고 노력해야 할까?" 삶의 틈새에서 불쑥 튀어나오는 내 안의 질문들에 대해 알랭 드 보통이 예술에서 그 답을 찾는다.

예술작품이 우리의 고단한 삶을 보듬어 안고 한편으로 우리 삶을 더욱 아름답게 만들어 주는 예술의 치유 기능에 대해, 알랭 드 보통이 특유의 철학적 글쓰기를 통해 써내려간 독특한 책이다. 알랭 드 보통이 미술사가 존 암스트롱과 대화하며 직접 엄선한 전 시대의 빼어난 예술작품 140여 점을 선보이고 있는 이 책은, 한편으로 알랭 드 보통만의 위트 있고 섬세한 필치가 예술작품이라는 프리즘을 통해 더욱 그 빛을 발한다.

장자─너는 자연 그대로 아름답다

양승권 지음 | 한길사

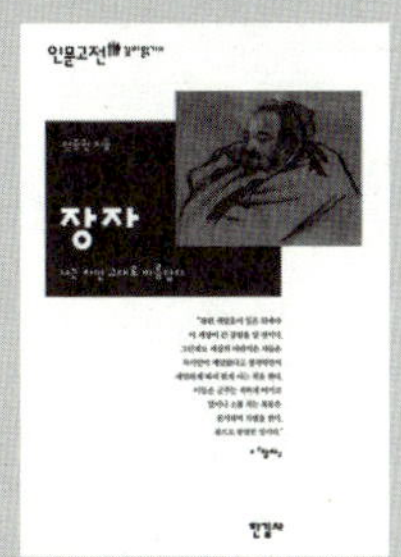

한길사 '인문고전 깊이읽기' 장자 편. 모두가 좀 더 열심히 살아야 한다고 채찍질하는 무한경쟁의 시대에 '배불리 먹고 유하게 노니며 자신의 본성을 따라 허허롭게 사는 것이 진짜 삶'이라고 주장하는 사상가 장자가 돌아왔다. 소요유와 양생, 만물제동, 좌망

과 심재 등 주요 개념을 10개의 키워드로 정리하고 원문과 함께 알기
쉽게 풀어냈다.

'고정관념과 권위, 예와 질서를 뛰어넘어 진정한 자아와 자유를 추구
하라'는 장자의 말이 그렇지 못한 현실과 맞물려 기묘한 쾌감을 준다.
현실 문제를 넘어서기 위해 우화를 끌어들였던 장자처럼, 장자의 원전
과 지금의 현실을 연계시킨 저자의 설명도 인상적이다.

책으로 생각을 채우고, 등산으로 잡념을 비운다

손복조
토러스투자증권
대표이사

책은 멘토이자 친구

창밖의 오후햇살이 책장 속으로 살며시 스며들었다. 형형색색 화려한 책들이 따사로운 햇살을 받으니, 책들도 조명발에 미소 짓는 듯 반가이 맞았다. 지난가을 책을 많이 읽는 회사, 여의도에 있는 토러스투자증권을 찾았을 때 첫 느낌이었다. 책 향기로 가득한 북 갤러리에 온 것 같아서 편안함이 밀려와, 마치 독서천국에 온 듯했다.

"사람의 품성은 마음이 어우러지는 친구, 즉 책을 통해 알 수 있다."
-토머스 베일리 올드리치

좋은 책을 많이 읽어서인지, 안내하는 직원도 친절했다. 미소가 따뜻하고 표정이 밝았다. 손복조 대표이사와 미팅하기 전, 책들과 잠깐 짧은 대화를 나누었다. 마침 직원이 기다리는 내게 따뜻한 차 한 잔과 리포트지를 건네주었다.

"원장님, 기다리는 동안에 이것 한번 읽어보세요!"

비서가 건네준 것은 『책 속의 향기가 운명을 바꾼다』의 독후감, 나의 책을 읽고 대표이사와 직원들이 올린 독서 감상문이었다. 뜻밖이었다.

작가는 자신의 책이 독자들의 마음에 어떻게 스며드는가에 가장 관심이 크다. 놀라웠다. 그들이 뿜어내는 톡톡 아이디어와 독서열정, 그들의 회사는 책으로 소통하고 댓글로 교감하는 기업이다.

직원의 안내에 따라 손복조 대표이사 집무실 문을 열었을 때 또 한번 놀라고 말았다.

양쪽 벽면을 타고 차곡차곡 쌓아올린 책들이 마치 담쟁이가 담을 넘고 있는 모습 같았다. 역시 이곳 책들도 오후햇살을 가득 머금고 있었다. 마치 책 한 권 한 권이 꽃송이들처럼 환하게 빛났고, 꽃밭에 온 듯했다. 그런데 책장이 좀 특별했다. 세로로 쌓아올리도록 되어 있는데, 독특했다.

"책꽂이가 너무 예쁩니다."

"아, 좋게 봐 주셔서 감사합니다."
"어찌 제 연구실보다도 더 책이 많은 것 같습니다."
"책이 멘토이자 친구니, 친구와 함께 있으니 행복합니다."

토러스투자증권 손복조 대표이사. 그는 어떻게 책을 좋아하게 되었고, 어떤 책들을 즐겨 읽는지 궁금했다. 누에고치가 실을 품어내듯 그는 책 속의 스토리를 이어갔다. 춤을 추는 듯 화려한 어휘로 책 이야기를 하는 그의 얼굴표정에는 문학소년의 순수함과 경영인의 냉철함과 결단력이 번갈아 묻어났다. 얼굴은 마음의 그릇이라는데, 그의 마음 그릇에는 책 속의 지혜로 가득했다.

그의 독서법은 평소 내가 하고 있는 'DH독서법'과 유사하다.
책을 읽을 때 무릎을 치게 하는 명문장을 만나면 습관처럼 줄을 긋고, 별표하고, 페이지 끝을 접는다. 특별히 기억하고 싶은 중요한 내용이 있는 페이지는 크게 접는다. 이렇게 하면 다음에 책을 읽을 때 접은 페이지를 한눈에 볼 수 있다. 기억 속에 오래오래 책 향기도 피어난다.
책이 주는 지혜는 소리 없이 세포와 혈관을 타고 피가 순환하듯, 살아서 그대로 흐르고 있는 것이다.

같은 책, 같은 내용이라도 내가 처한 환경과 상황에 따라 그 내용이 주는 의미는 다르다. 절박할 때와 도약해야 할 때, 도전과 중요한 결단을 해야 할 때, 아이디어가 고플 때, 번개처럼 뜻밖의 섬광 같은 예지력이 생긴다.
실제로 양쪽 벽면에 가득 놓인 책들을 보니, 작게 접고, 크게 접고, 밑

줄 긋고, 메모한 흔적들이 그의 독서습관을 잘 말해 주고 있다.

골프 대신 등산과 독서를 택한 CEO

그는 직원들에게 좋은 책을 소개하기 위해 바쁜 업무 중 매달 20~30권의 책을 읽는다. 마치 내가 좋은 책을 소개하는 '독서향기'라는 글을 쓰기 위해 많은 책을 읽는 것과 같다.

그가 최근에 읽은 책은 이윤기의 『조르바를 춤추게 하는 글쓰기』, 김명호의 『중국인 이야기 1, 2』, 도널드 트럼트 외의 『마이더스 터치』, 나심 니콜라스 탈레브의 『안티프래질』, 자크 아탈리의 『23인의 평전』 등이다.

그는 레이먼드 조의 『관계의 힘』을 읽다가 울컥했다고 한다. 상처받지 않고 행복해지는 관계의 힘을 다룬 이 책에는 쌍둥이의 인큐베이터 스토리가 나온다.

한 명은 살 수 있고, 한 명은 죽어가는 상황! 의사도 포기하라고 하는 절박한 상황이었다. 살아 있는 한 명이 죽어가는 아이를 끌어안으니 기적이 일어났다. 생명을 잃어가는 한 명이 기적처럼 살아난 것이다. 이 책을 읽었다면 모두가 공감하는 감동 스토리다.

그는 『관계의 힘』에서 책 속의 한 문장을 뽑아냈다.

"사람은 사람 없이 살 수 없고, 사랑 없이 살 수 없다."

가슴을 적시고, 영혼을 흔드는 명문장을 줄줄 외우듯 말씀하신다.

실제로 독서와 토론을 통해 쌓은 지혜는 업무에 빛을 발한다. 예기치 않았던 순간에 좋은 아이디어를 주기도 하고 힌트가 되기도 한다. 손 대표이사는 "대우증권 IT본부장으로 있던 시절에 IT 전문가들이라면 생각조차 할 수 없는 해결 방식을 남다른 발상으로 해치워낸 일화도 있다"고 귀띔했다.

스티븐 존슨의 『탁월한 아이디어는 어디서 오는가』는 700년간 200개의 탁월한 혁신을 연구한 책인데, 그는 이 책을 특별히 아낀다.

그는 책만큼이나 등산을 즐긴다. 2004년 대우증권 사장으로 취임하자마자 큰마음을 먹고 골프를 끊었다. 비즈니스를 하면서 골프를 끊기란 결코 쉽지 않은 일이다. 처음에는 주위로부터 미움과 오해도 많이 받았으나 시간이 지나자 다들 그를 이해하게 됐다. 요즘 그는 여가 시간에 산행과 독서를 즐긴다.

산에 오르면서 떠오르는 신선한 아이디어는 소중한 선물이다. 몸의 근육도 만들어 주지만, 생각의 근육도 만들어 주는 것이 등산이다.

아이디어는 한 방에 오는 경우도 있고, 생각과 생각의 힘줄들이 융합되어 완성되기도 한다. 꼬불꼬불 산길을 걸으면서 스치는 아이디어가 책 속의 문장들과 융합될 때, 생각지도 못했던 아이디어가 톡톡 튀어 올라온다. 이 아이디어는 일상에서 융합되고, 숙성되며, 발효과정을 거치면 비로소 완성된 아이디어가 된다.

탁 트인 등산길을 걷는 것은 일종의 걷기명상이다. 산 공기가 주는 싱그러움만큼이나 신선한 아이디어들이 바람처럼 춤을 추는 시간, 자연 속에 있을 때 영혼은 바람처럼 자유롭다. 자유로운 영혼을 따라 나무숲을 걸으면, 정직한 자연의 소리가 들려온다. 풋풋한 흙냄새, 사각사각 바람소리, 나뭇가지 사이로 보이는 높고 푸른 하늘, 세상에서 가장 큰 책을 읽고 있는 것이다. 자연보다 훌륭한 책이 또 있을까?

그에게 등산은 창조적 아이디어도 얻고, 건강도 다지며, 영혼의 자유를 만끽하는 시간이다.

"등산은 언제 어느 때든 산에 오르면 되니까 부담이 없습니다. 가장 좋은 점은 산에 오르는 동안엔 생각이 없어진다는 거죠. 잡념을 없애고 마음을 비우는 데 등산만 한 것은 없는 듯싶습니다."

그렇게 복잡하고 헷갈리는 생각들을 등산으로 비워내고, 독서를 통해 새로운 생각을 담는다. 경영자로서 마음을 맑게 하고 새로운 지식을 얻고자 주로 경영서와 실용서 위주로 탐독한다. 1주일에 두 세권, 주말에는 5~6권을 쌓아두고 읽는다.

"주말에 골프를 안 하니까 시간이 자유롭습니다. 상상력과 창조력을 키우기 위해 조용한 사무실에서 독서를 하거나 중요한 자료를 읽어보는 것이 습관이 됐지요. 경영과 리더십, 미래예측, 인간관계에 대한 책들을 즐겨 읽습니다. 쉬는 동안 등산으로 생각을 비우고, 독서로 다시 생각을 채우는 것이 제 휴일 일과의 전부입니다."

"낙수 소리는 영혼을 맑게 해줍니다."

그는 "모든 에너지는 어떤 생각을 어떻게 하느냐에 따라 좌우된다"고 말했다. 좋은 생각을 하면 몸과 마음에서 무궁무진한 에너지가 쏟아져 나오지만 부정적이거나 비관적으로 생각하면 에너지가 나올 수 없다. 그런 면에서 등산은 "좋은 생각을 할 수 있는 시간을 선물하는 좋은 스포츠"라고 극찬했다.

직원들과 댓글 토론, 소통을 넘어 교감으로

손 대표이사는 임직원들이 읽어 볼만 한 가치가 있다고 판단되는 책을 엄선한 뒤 전 임직원에게 전달하고, 사내 게시판으로 올라오는 모든 감상평에 댓글을 단다.

키보드를 치는 실력은 거북이걸음처럼 느릿느릿하지만 진심이 담긴 격려 메시지를 임직원들에게 띄운다. 2008년 7월 토러스투자증권을 설립한 이후, 쉬지 않고 결승점까지 걸음을 옮기는 성실한 거북이처럼 쉬지 않고 하는 일이다.

직원들의 감상평에 댓글을 달면서 진솔한 속내를 알 수 있으니, 그 자체가 삶의 즐거움이라고 말했다. 바쁜 와중에 댓글을 하나하나 읽고 직원들과 소통하는 시간은, 세상에서 가장 귀한 시간이다. 직원은 회사의 주인공이기 때문이다. 대표이사가 직접 읽고 댓글을 단다는 것은, 글에 녹아 있는 직원들의 마음을 어루만져 주는 것이다. 최고의 소통이며, 소통을 넘어 영혼의 스킨십을 나누는 교감이다.

그는 직원과 책 선물을 주고받는 친근한 사장님으로 통한다. 자신이 읽지 않은 책은 권하지 않는다. 실제로 자신이 읽고 확신이 서야 직원들과 공유하는 것이다.

『세종처럼 읽고 다산처럼 써라』, 신간을 선물로 드렸을 때 일단 읽어 보겠다는 말씀만 하셨다. 그런데 얼마 안 가서 내게 책을 잘 읽었다는 말씀을 해주었다. 주말에 모두 읽으셨다고 하시며, 직원들과 함께 세종과 다산의 맑은 영혼을 나누고 싶다는 소식을 전해 왔다.

조직원 모두가 한 방향으로 함께 가는 것이야말로 기업인의 가장 큰 바람이다. 그런 까닭에 손 대표이사는 직원들에게 일일이 설명하고 반복하기보다는 책 한 권을 통해 자신이 전하고자 하는 메시지를 대신 전하는 것이다.

때문에 도서 선정에도 얼마나 신중을 기하는지 모른다. 자신이 반드시 읽고 확신이 서는 책이 아니면, 추천도 선물도 하지 않는다.

성공한 기업의 이야기, 아이디어가 막힐 때 돌파하는 힘, 사회인들의 성공 지침서 등 자기계발 분야의 책들과 경영, 경제, 인문, 사회로 이어지는 다양한 책들이 그에게 생각의 날개를 달아 주었다.

하루해가 뜨면 세상은 날마다 예상할 수 없는 춤을 춘다. 경제의 음악이 흐르면 주가가 춤추고, 세계 경제가 춤춘다. 그 춤사위에 따라 박자를 맞추고 리듬을 맞추지 않으면 가수가 무대에서 내려와야 하듯, 경제의 최전방에 있는 증권업은 위기를 맞을 수 있기 때문이다.

그렇다면 그가 생각하는 금융업계 CEO로서 갖춰야 할 덕목과 잊지 못할 애환은 무엇일까?

그는 "증권사 CEO에게 가장 중요한 덕목은 시장으로부터의 신뢰, 대인관계에서의 언행일치, 의사결정의 일관성, 빠른 결단력, 그리고 리스크 관리의 전문성 등"이라고 말했다. '신뢰'야말로 그가 가장 중요하게 여기는 덕목이자 현재의 그를 있게 한 덕목이다. 우직한 성품과 두둑한 배짱, 광범위한 인적 네트워킹 등도 빼놓을 수 없는 그의 장점이다.

CEO로서 가장 가슴 아픈 일은, 임원이라는 영광스러운 자리에 등극하였지만, 성과가 좋지 않은 임원들을 내보내야 할 때다. 단기적으로 봤을 때 당사자에게는 매우 치명적이고 가혹한 처사여서 손 대표이사를 원망할지도 모른다. 그러나 그는 장기적으로 볼 때 그것이 서로에게 유익했다는 것을 그 임원이 이해해 주리라 믿고 있다. 이러한 자신의 진심을 해당 임원이 이해해 주지 못할 때가 가장 가슴 아프다고 한다.

그는 언어의 귀재이기도 하다. 증권업계 스타 CEO 손복조 토러스투자증권 대표이사의 화법은 남달랐다. 강연할 때 이야기를 풀어내는 내공은 그가 얼마나 많은 책을 읽었는가를 말해 준다. 확신에 찬 어조로 30여 년간 증권업계에서 직접 경험한 일들과 엄청난 독서량을 통해 간접 경험한 사례들을 조리 있고 깔끔하게, 열정적으로 풀어낸다.

경제음악에 주가는 춤추고, 독서열정에 아이디어가 춤춘다

손복조 대표이사는 왜 창업의 길을 걷게 되었을까?
그에게는 잊을 수 없는 운명의 '6월 11일'이 두 번 있었다.

2000년 6월 11일, 대우 그룹이 부도난 뒤 증권업계의 톱스타였던 대우증권은 하루아침에 주인 없는 회사가 됐고, 당시 등기임원으로서 상무였던 그는 회사를 그만둘 수밖에 없게 되었다. 외부에 줄을 대려는 임원들도 있었지만, 그는 "목숨을 구걸하면서 직장생활을 하면 후배들이 어떻게 보겠느냐"고 하며 물러났다.

2004년 6월 11일, 그는 대우증권 사장으로 화려하게 컴백했다. 20년 이상 증권업계 부동의 1위 위치에서 4~5위권으로 떨어진 대우증권을 바라보는 마음은 천근만근 무거웠다. 그가 복귀하고 보니 선두회사의 수익점유율은 8.8% 수준이었는데, 대우증권은 6%에도 채 미치지 못하는 수준에 불과했다. 그러나 위기에서 영웅은 빛난다. "신에게는 아직 전선 열두 척이 있습니다"라고 말하며 전세를 뒤집은 이순신처럼, 그는 업계 1위 자리를 월간 점유율에서는 불과 4개월 만인 그해 9월 달에 탈환했고, 연간누계 점유율에서도 1위에 오르는 기염을 토했다.

자기자본도 1조 원 수준에서 2조 원으로 끌어올렸다. 그는 취임 뒤 한 달간 전국 지점을 강행군하면서 "1등 자존심을 회복하자"고 지점장을 독려했을 만큼 현장을 중시하는 야전사령관이었다.

그는 1984년 대우증권에 입사한 뒤 기획과장, 인사과장, 동경사무소장과 기획 · 재무 · 자금담당 임원, 리테일 총괄 임원, 리서치센터장, IB본부장, IT본부장을 두루 거쳤다. 대우증권이 여의도를 호령할 때 요직을 두루 거쳐 여의도를 가장 잘 아는 CEO라고 평가받는다. 그가 만든 증권사에 붙인 이름 '토러스(Taurus)'는 별자리 중 황소자리를 뜻한다.

가장 인상 깊게 읽은 책은 전용복 선생의 『나는 조선의 옻칠쟁이다』다. 이 책을 통해 한 사람의 생각이 얼마나 위대한가를 알 수 있었다고 한다. 회사 입구 정면에도 전용복의 황소그림이 걸려 있어, 그에 대한 각별한 애정이 느껴진다.

위기에서 기회를 찾는 자가 진정한 승자이다. 글로벌 금융위기가 들이닥친 지난 2008년 투자자들과 함께 개인 돈 30억 원을 투자해 토러스투자증권을 직접 설립했다. 2004년부터 대우증권 사장으로 재직하며 대우증권을 업계 1위 반열에 올려놓은 그의 창업에, 금융인들과 지인들의 관심이 집중되는 것은 당연했다.

그러나, 2008년 회사를 설립하여 영업을 시작하자마자 글로벌 금융위기가 발생했다. 회사의 수익성을 차별화하여 지속적으로 자본을 확충해 나가겠다는 꿈은 처음부터 크게 차질을 빚을 정도로 적자가 지속될 수밖에 없었다. 이를 통하여, 스스로 창업을 하여 회사를 성장 발전시킨 창업 기업가들에 대한 경외심과 존경심을 제대로 깨닫게 되었다고 한다.

고통과 고난 없이는 성취와 성공이 있을 수 없다는 것을 관념적으로 인지하는 것과 경험으로 깨우치는 것은 전혀 다른 차원이라는 것도 터득하게 되었다고 한다.

역시 힘들고 앞이 보이지 않을 때 도전과 힘을 주는 데는 책이 필요하다.

『마이더스 터치』는 부동산의 제왕 도널드 트럼프와 재테크의 제왕 로버트 기오사키 두 저자의 성공노하우를 담은 책이다. 실패에서 다시 일어서는 강인함, 성공할 때까지 오직 한길로 가는 무서운 집중력, 가짜가 아닌 진짜 강력한 브랜드, 좋은 파트너가 되는 인간관계, 작은 차이가 명품을 만드는 친밀함을 다섯 개의 손가락에 비유했다. 손 대표이사는 이 책을 "성공을 꿈꾸는 누구에게나 손에 꼭 쥐어 주고 싶은 책"이라고 했다.

꿈꾸고, 성공하고, 실패하고, 다시 또 성공하기를 수없이 반복하는 것이야말로 진정한 '기업가정신'이다.

손 대표이사는 금융가에서 마이더스의 손으로 불리기도 한다. 내 손에 닿으면 무엇이든 황금으로 변하게 만드는 마이더스의 손이 되기까지는 실패를 딛고 일어서는 지혜와 힘이 필요하나.

"성공은 희생을 먹고 자란다."
"성공하고 싶다면 희생이라는 비용을 지불해야 한다."

다산 정약용 선생은 책을 읽다가 가슴을 치는 문장을 만나면, 곧바로 다시 옮겨 적는 초서를 했다. 호기심이 강한 다산은 창의성을 발견하는 순간 큰 기쁨을 느꼈다. 손 대표이사는 다산이 초서한 것처럼 책 읽고 난 후 기억하고 싶은 내용들을 초서하는 습관이 있다. 머리에서 날아가기 전에 글로 옮겨 적는 것이다.

증권업계는 초를 다투는 긴박한 상황에서 분투해야 한다. 늘 시장의 흐름을 앞서 보는 혜안이 있어야 하고, 정확한 시장분석과 미래진단이 요구된다. 정글 같은 금융의 세계에서 살아남기 위한 몸부림은 그를 지독한 독서광으로 만들었는지 모른다.

그는 제조업과는 달리 금융업은, 글로벌 금융시장에서 경쟁하기 위해서는 자본력 확대가 무엇보다 우선시 되어야 한다고 강조한다. 그렇게 되기 위해서는 개별 금융기관들의 수익성과 수익규모가 비약적으로 높아지지 않으면 불가능하다는 것을 재삼재사 강조하기도 했다.

"두뇌의 세탁에 독서보다 좋은 것은 없다. 건전한 오락 가운데 가장 권장해야 할 것은 자연과 벗하는 것과 독서하는 것 두 가지라 하겠다."
-도쿠토미 로카

열정 없는 삶은 아무것도 만들어낼 수 없다. 그에게 독서와 등산은 내면의 힘이 창조되는 시간이다. 좋은 책을 만나고 청정 자연과 함께할 때 행복해하는 그는 1951년 경북 경주에서 태어나 배재고, 서울대 사회복지학과를 졸업했다. 1984년 대우증권에 입사해 증권업계에 입문했다. 대우증권 도쿄사무소장, LG선물 사장, 대우증권 사장 등을 거쳤다. '금융투자업계의 맏형'이라는 별명도 갖고 있다.

부총리 표창, 금융인상 금상, 재정경제부장관표창 등을 수상했다.

독서와 등산으로 힘을 기르고 내일을 준비하는 손복조 대표이사, 그가 이끄는 토러스투자증권이 금융계 최고의 별이 되는 그날이 곧 올 듯하다.

함께 일해요

존 그레이, 바바라 애니스 지음 | 나선숙 옮김 | 더난출판사

세계적인 남녀관계 전문가이자 최고의 베스트셀러 작가인 존 그레이 박사와 바바라 애니스는 "도대체 왜 남녀는 한 직장에서 '함께' 일하지 못하는 걸까?"라는 질문에 반기를 들고 현실적인 방법을 제안한다. 남자와 여자가 서로에 대해 알아차리지 못하는 여덟 가지 사각지대를 통해 서로에 대한 잘못된 추정과 견해를 살펴보는 한편, 그 차이를 보완하는 방법에 대한 성별이해 지능의 개발을 제안한다.

그리고 이런 과정을 통해 남자와 여자가 왜 그렇게 생각하고 행동할 수밖에 없는지와 소통하고, 문제를 해결하고, 결정하고, 갈등을 해소하고, 스트레스를 다루는 남녀의 방식을 서로 차이 나게 만드는 생물학적·사회적 영향력을 규명한다. 저자들은 이 책을 통해 함께 일하는 남자와 여자가 이 세상을 보다 나은 곳으로 만들 수 있음을 역설한다.

파더 쇼크

EBS 파더쇼크 제작팀 지음 | 쌤앤파커스

자녀교육에 관한 고품격 콘텐츠를 제공해 온 EBS 다큐프라임은 2013년, 이 시대가 원하는 새로운 아버지상을 조명하는 〈파더쇼크〉를 제작 방송했다. 다양한 사례 및 심리실험을 통해 우리가 미처 인식하지 못한 부성(父性)의 여러 측면과 오늘날 아버지들의 슬픈 자화상을 전해 '이 달의 좋은 프로그램상'을 받는 등 호평받은 바 있다.

이 책은 방송 〈파더쇼크〉의 내용은 물론, 30여 년간 수행된 부성에 관한 동서양의 연구를 총망라해, 잘못 알려진 '아버지 역할'을 지적하고 올바른 아버지상을 제시한다. 당신은 아빠의 역할을 어디까지 알고 있는가? 아이에게 어떤 아버지로 기억되어야 하는가? 친구 같은 아빠는 과연 좋은 아빠인가? 엄마들은 아빠의 역할에 대해 무엇을 잘못 알고 있는가? 내 아버지와 똑같은 아빠가 되지 않기 위해 무엇을 해야 하는가? 이와 같은 본질적인 질문을 던짐으로써 부성에 대해 다시 생각하게 하는 한편, 애착정도 테스트, 정서조절 능력 테스트, 아이들의 행동을 통제하는 법 등을 소개해 아이와의 관계에서 어려움을 겪는 아버지들이 실질적인 도움을 얻을 수 있도록 했다.

왜 따르는가

제이 엘리엇 지음 | 이현주 옮김 | 흐름출판

잡스를 곁에서 직접 경험했던 저자가 그의 이면을 이야기하고, 특별히 그가 조직 안팎에서 그토록 사람들을 열광시킬 수 있던 비법을 집중적으로 조명한다.

저자는 스티브 잡스가 직접 고용해 자신의 멘토로 삼았던 제이 엘리엇이다. 저자는 잡스가 자신을 대신할 대리인을 키우는 일과 직원들을 자신의 비전에 동참시키는 일을 무엇보다 우선해 왔다고 강조한다.

잡스는 직원들에게 자신과 동일한 비전을 심어 주는 일이 신제품을 만드는 일만큼 중요하다고 말하곤 했다. 그는 팀원들이 고유의 역량 그 이상으로 일을 해낼 수 있도록 그들에게 열의를 불어넣고 싶어 했다. 실제로도 사람들의 잠재력을 150퍼센트까지 끌어내는 데 열정을 쏟았다. 별나기로 유명했던 잡스와 함께 일한다는 것은 누구에게나 결코 쉽지 않은 일이었지만, 사람들은 그를 따랐을 때 늘 기대와 예상을 훨씬 뛰어넘는 결과를 낼 수 있다는 것을 믿었다. 그렇게 믿고 따르도록 만들었던 비결들에 이 책은 집중한다.

고전에서 경영의 지혜를 발견하다

유영호

농심엔지니어링
대표이사

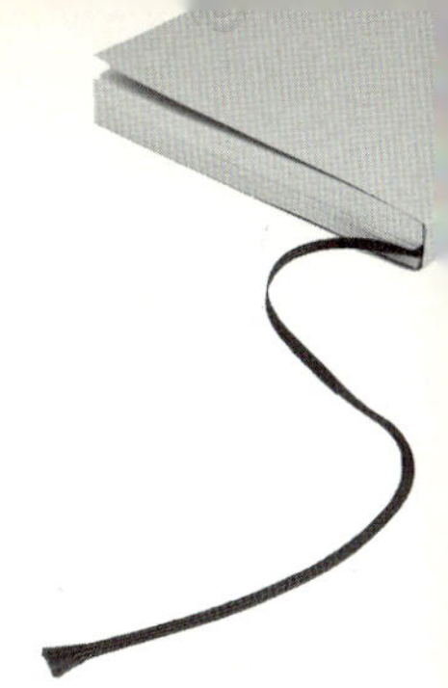

인생을 바꾼 세 차례 행운의 만남

예로부터 사람이 살아가는 데 음식은 필수적인 것이었다. 오죽하면 '먹고산다'는 말이 살아간다는 것을 뜻하게 되지 않았는가.

우리나라를 대표하는 식품 회사 ㈜농심의 계열사 농심엔지니어링의 대표이사 유영호, 그는 서울대 AIP 독서클럽에서 가장 공부를 많이 하는 분이시다. 같은 책을 읽고도 핵심을 뽑아내는 독서력이 최고다. 회원들의 박수를 가장 많이 받는다. 한마디로 독서내공이 깊다.

유 대표이사는 독서토론을 끝마칠 무렵 '쉽게 풀어내는 동양고전'을 5분 동안 스피치한다.

기업경영에 도움이 되는 『명심보감』을 비롯해 『논어』, 『맹자』, 『대학』, 『중용』으로 이어지는 그의 동양고전 미니강의는 회원들에게 단연 최고 인기다.

인터뷰를 시작하면서 그가 던진 첫마디는 "나는 운이 좋은 사람이다"다.

그 이유는 지금까지 살아오면서 세 차례 행운의 만남이 있었기 때문이다.

첫 번째 행운의 만남은 충청도 농촌에서 태어나 자라면서 여러 형제 중에서 대학까지 공부를 할 수 있게 해주신 부모님과의 만남이요, 두 번째 행운의 만남은 신입사원으로 채용해 지금까지 32년간 근무할 수 있도록 해주신 ㈜농심의 사업주이신 신춘호 회장과의 만남이며, 세 번째 행운의 만남은 서울대 AIP 독서클럽에서 독서를 통하여 자신의 모자란 부분을 채워 주고 경영에도 많은 도움이 되도록 독서코치를 해주는 다이애나 홍 지도교수와의 만남이다.

"나의 인생을 전반기, 중반기, 후반기 세 부분으로 나눈다면, 전반기에는 부모님 덕분에 30여 년을 공부하면서 행복하였고, 중반기에는 회장님 덕분에 30여 년을 원 없이 일하면서 보람 있었으며, 후반기에는 다이애나 홍 교수 덕분에 나머지 30여 년을 책을 벗 삼아 평생 배우는 학생의 자세로 살아갈 것이 거의 확실하다."

한국전쟁의 상흔이 채 가시지 않은 1955년, 그는 충청도 서산 농촌마을에서 가난한 농부의 장남으로 태어났다. 넉넉지 않은 시골 살림이었지만 부모님께서는 교육열이 높으셨다. 자식만은 제대로 가르쳐서 제 역할을 해야 한다고 생각하셨다. 그러나 집안 형편이 곤궁했기에 부모님께서는 큰딸인 누나의 중학교 진학을 단념시켰고, 그의 남동생을 중학교만 마치고 아버지의 농사일을 거들게 하셨으며, 모든 희망을 장남인 그에게 걸으시고 서울에 있는 고등학교로 진학시켰다.

당시엔 대학에 가는 것은 꿈에도 상상하기 어려운 상황이었으므로 공업고등학교 기계과를 선택하였고, 학창 시절에는 취업반에 들어 졸업을 앞두고 외국계 전자회사에 취직하여 첫 봉급으로 부모님의 속옷을 사다드려 어머니를 기쁘게 해드리기도 하였다.

그러나 기쁨도 잠시, 회사 생활을 하던 중 대학 공부에 대한 미련이 많아 시간 날 때마다 대학입시를 준비했다. 그 결과, 고등학교를 졸업한 지 2년 후에 공과대학 기계공학과에 입학하여 꿈에서나 그리던 대학생이 되었다.

대학생 시절에는 학비 마련을 위해 서울시 직업훈련원 전기용접파트 기술 강사로 활동하기도 하였다.

대입 2년, 군대 생활 3년, 대학 생활 4년 합하여 9년 동안의 공백기를 거치고서야 다시 사회에 첫발을 내디딘 곳이 ㈜농심이다. 그에게는 고맙기 그지없는 삶의 터전인 셈이다.

1982년 입사하여 15년간 농심의 생산본부 소속으로 기술직에 근무했고, 1997년 신설법인인 농심엔지니어링이 설립되면서 창립멤버로 참여하여 신규사업 부문과 라면 플랜트를 전 세계에 수출하는 부서를 맡아 왔으며, 10년 전인 2003년에 최연소 임원으로 발탁되기도 하였고, 2012년 농심엔지니어링의 대표이사로 발령받아 지금까지 32년째 농심 그룹에서 근무하고 있다. 부모님의 기대에 부응하기라도 하듯 그는 동생 두 명을 부모님 대신 대학 공부를 시켜서 사회 활동도 잘하게 했으니, 미래를 내다보시는 부모님의 혜안은 실로 대단하신 것이었다.

농심엔지니어링(NSE)은 어떤 회사인가? 한국에서 엔지니어링 회사라 하면 석유화학 플랜트나 해외 건설 전문 엔지니어링 회사를 떠올리기 쉽다. 그러나 식품 분야 엔지니어링 회사는 유럽이나 일본에서만 찾아볼 수 있을 뿐, 한국에서는 그런 회사를 찾아보기가 어렵다.

이러한 현실 속에서 NSE는 우리나라 대표 식품기업 농심 그룹에 속해 있는 식품분야 전문 엔지니어링 회사로, 1997년 창업된 이후 중견 기업의 규모로 활동하고 있다.

NSE의 주 고객은 식품 또는 의약품 제조 회사로, 신규 공장 건설에 필요한 기본 설계부터 공장 건설 및 생산, 프로세스 설비 설계 및 제작, 포장 자동화, 물류 자동화까지 전반적인 기술 용역을 고객사에 제공하는 것이 가장 큰 사업 영역이다. NSE는 식품 제조나 포장 과정에서 돌, 유리, 금속 등 유해 이물질이 혼입되어 소비자에게 유통될 경우 발생할 수 있는 문제를 사전 예방하기 위하여 X-ray를 이용한 이물 검사 장비를 자체 개발하여 농심의 전 생산 라인에 적용하였고, 현재는 국내 이

물 검사장비 제조 회사 중 1위 자리를 확보하고 있다.

농심엔지니어링은 엔지니어링 기술 용역을 제공하는 회사로서 'Total engineering solution provider'를 지향하며, 플랜트 종합 엔지니어링과 신재생에너지 사업 및 해외 식품시장인 아프리카에 라면공장 설비를 공급하는 회사로 2020년에는 매출 5천억을 목표로 전 사원이 의욕에 넘쳐 있다.

서울대 AIP 독서클럽과 농심엔지니어링 독서클럽

몇 년 전만 해도 농심엔지니어링은 그룹 내에서 발생하는 공장 건설 등의 일만 해왔기 때문에 일명 '천수답 경영'을 해온 셈이었다. 그룹 내 시설 투자가 많으면 회사의 일도 많지만 반대로 시설 투자가 적으면 매출도 줄어드니 회사의 성장을 기대하기 어려웠을 뿐만 아니라 경제 민주화, 대기업 일감 몰아주기 규제 등으로 더 이상 그룹에만 의존할 수 없는 상황이 되었다. 이렇게 어려운 환경에서 대표이사로 선임된 그는 풀어 나가야 할 과제가 너무도 많았고, 무엇보다도 외부사업 활성화와 회사 성장이라는 두 마리 토끼를 동시에 잡아야 하는 상황에 놓였다. 절박하게 고민하고 있는 상황에서 그는 서울대 AIP 독서클럽 모임을 소개받게 된 것이다.

처음 독서클럽에 나갈 것을 추천받았을 때 많은 망설임 속에서 고민을 했다.

그가 망설였던 이유는 그동안 살아오면서 독서습관을 제대로 기르지 못해서였다. 회사일로 바쁜 시기에 없는 시간을 쪼개어 책을 봐야 하고, 또 읽기만 하는 것이 아니라 내용을 정리하고 다듬어서 독서클럽에 참석하여 발표까지 해야 한다는 것에 부담을 느꼈기 때문이다. 하지만 AIP 동기생의 권유를 더 이상 사양할 수 없어 수락하고, 독서클럽에 등록하여 활동하면서부터는 그동안의 걱정스런 우려는 말끔하게 사라졌다. 모든 상황은 정반대의 결과를 가져오게 되었다.

"그대의 돈을 책을 사는 데 써라. 그 대신에 황금과 지성을 얻을 것이다."
-임마누엘

독서클럽 활동 1년 만에 놀라운 일이 벌어졌다. 성과는 회사 경영에도 바로 연결되어, 지난 10년 동안 정체되었던 회사 매출은 어려운 경제 환경 속에서도 전년 대비 50% 성장하였으며, 또한 외부매출 비중이 20%에서 60%로 놀라운 실적을 거두었다. 이러한 결과를 보인 것은 책을 통하여 지혜를 얻고, 그것을 회사 운영 전략에 접목시켜 실천했기 때문이다.

그동안 유영호 대표이사의 회사 경영에 도움이 되었던 책은 『승자의 안목』, 『테드 프레젠테이션』, 『어떻게 성장할 것인가?』, 『인문학 명강』, 『3분 고전』 등이다.

농심엔지니어링의 독서활동은 전 직원을 대상으로 하는 일반적인 독

　　　　　　　　　　CEO의 독서경영

서활동과 독서 후 대표이사와 토론이 가능한 독서클럽 활동으로 나눌 수 있다.

우선 전 직원을 대상으로 하는 독서활동은 독서코칭 전문업체에서 추천하는 도서를 장르별로 선정한 후, 전 직원 중 독서활동을 원하는 직원에게 신청하도록 권장한다. 책을 읽은 후 독후감을 제출하고 독서 코칭을 받으며 진행하고, 개인 이력 관리 및 인사 기록에 기록되고 향후 인사고과에도 반영시키고 있다. 현재는 전 직원의 약 80%가 참여하고 있다.

또한 농심엔지니어링은 독특한 사내 독서클럽을 운영하고 있다.

유영호 대표이사가 활동하고 있는 서울대 AIP 독서클럽에서는 매월 2권의 책을 읽고 토론에 임한다. 그는 그 2권의 책 중에서 직원들에게 유용한 책을 사내 독서클럽에 추천하고, 간사를 통하여 책을 구매하고 배부한다. 각자 책을 읽은 후 대표이사인 그를 포함하여 15명 내외가 월 1회 독서토론을 다음과 같이 진행한다.

-회사의 업무와 관련하여 적용하여야 할 것은 무엇이고 어떻게 실행할 것인가?

-마지막으로 책 내용 중 토론 과제를 미리 선정하여 활발한 토론을 진행한다.

하지만 어디 첫술에 배부르겠는가. 독서클럽에 처음 참여하는 직원들은 유 대표이사가 처음 AIP 독서클럽에서 느꼈던 것처럼 낯설고 두려웠다. 지금은 모든 멤버가 즐겁게 참여하는 분위기로 바뀌었고, 독서

클럽에 가입하려는 직원들이 순번을 기다리고 있다. 간혹 회사 업무로
토론에 참여하지 못하면 독서클럽에서 명단이 빠질까 봐 걱정이란다.

"독서는 집안을 일으키는 근본이다."
-『명심보감』

한 집안의 가장인 직원들은 퇴근 후에 텔레비전만 시청하던 아버지
에서 책을 가까이하는 지적인 아버지로 대변신했다. 직원들은 그에게
이미지 향상에 도움이 되었다며 고마워하기도 한다.
서울대 AIP 독서클럽에서 토론한 경험을 바탕으로 회사의 직원들과

CEO의 독서경영

독서토론을 이어가는 그의 모습은 참으로 바람직하다. 경영자의 생각과 구성원의 생각이 융합되는 것은, 독서토론이 주는 선물이다.

유 대표이사는 서울대 AIP 독서클럽에서 단연 중심이 되어 책의 핵심을 정확히 뽑아내고, 그것을 자신의 삶과 회사의 경영에 비추어 풀어내는 독서내공이 깊다. 회원들이 그의 말에 귀를 쫑긋 세우며 경청하는 모습을 볼 때면 나는 세상 그 누구보다 행복하다.

매월 책 2권에 대해 토론하고 아이디어를 공유하며, 동서고금을 오가며 풀어내는 우리의 토론 시간은 책을 통해 또 하나의 우주를 만나는 축복의 시간이다.

고전에서 건져 올린 경영의 진수

그는 북한에 라면공장을 설립하고 싶어 하는데, 이 꿈을 이루기 위해 동양고전에서 전략과 지혜를 얻고 있다. 노자『도덕경』에는 '상선약수(上善若水)'라는 말이 나온다. 이 말은 '가장 위대한 것은 물과 같은 것'이라는 뜻이다. 물은 모든 만물을 이롭게 해주지만 남과 그 공을 다투려 하지 않는다. 오히려 사람들이 가장 싫어하는 낮은 곳으로만 흐른다. 유 대표이사는 다른 사람을 배려하고 양보하며 물처럼 낮은 자세로 섬기는 마음이 지금의 자신을 있게 한 원동력이라 말한다.

그의 인생의 좌우명은 '근자열 원자래(近者悅 遠者來)'다. 이 말은『논어』자로 편에 나오는 유명한 공자의 말씀이다.

춘추전국 시대에는 나라의 국경이 분명치 않아서 사람들이 살기 좋은 곳으로 국경을 넘어 이사를 하곤 하였다. 초나라 백성들이 자꾸만 다른 나라로 이사를 가 인구가 반으로 줄어들자 초나라 제왕인 섭공이 공자에게 물었다.

"선생님, 날마다 백성이 도망가니 천리장성을 쌓아 막을까요?"

그러자 공자가 대답한 말이 '근자열 원자래'이다.

'가까이 있는 사람을 기쁘게 하면 멀리 있는 사람도 찾아온다'는 것이다.

'근자열 원자래'를 곱씹으며 유 대표이사는 가까이 있는 사람이 소중한 줄 모르고 멀리 있는 사람에게만 관심을 가지기보다는 내 가족, 나의 형제, 우리 직원이 우선되어야 한다는 것을 깨달았다. 그는 항상 경영 회의 때마다 강조하는 말이 있다. "멀리 있는 고객을 만족시키려면 가까이 있는 고객(직원)부터 만족시켜야 한다"고.

개성상인은 장사는 사람을 남기는 것이지 이익을 남기는 것이 아니라고 여긴다. 이는 맹자의 사상인 선의 후리(先義 後利)로, 이익을 보면 옳음을 생각하며 옳음을 먼저 하고 이익은 나중으로 한다는 것이다.

이러한 고전의 지혜는 그에게 외부 사업의 기본 방침으로 이익을 추구하기에 앞서 고객에게 불편함을 주어서는 안 된다는 깨달음을 주었다. 고객의 이익을 우선시할 수 있게 했다.

고전을 즐겨 읽어 청렴한 선비 같은 유 대표이사는 인품 있는 인재와 통섭형 인재를 선호한다. 우선 신입사원 선발 시 최종 면접과정에서 인품이 있는 인재를 찾기 위해 노력한다. 인품이란 사람이 사람으로서 가

　　　　　　　　　　　　　　　　CEO의 독서경영

져야 하는 품격이나 됨됨이로, 사회생활을 하면서 받는 것보다는 주는 것을 좋아하는 'Giver'로서의 삶을 살아가는 사람을 찾으려 한다. 자신의 성공을 위해 수단과 방법을 다하여 쟁취하는 사람보다는 조금 양보하고 도와주어 함께 성공하는 인재를 높이 평가한다.

둘째로 통섭형 인재를 선호한다. 통섭형 인재는 최근 우리 사회 도처에서 요구하는 인재상이다. 단순히 다방면의 지식을 많이 알고 있는 팔방미인이 아니라 전문화된 분야를 갖고 있으면서 다른 분야에도 충분한 소양이 있어 창조적인 문제 해결이 가능한 인문학적 소양을 갖춘 인재를 통섭형 인재라 한다. 이런 통섭형 인재는 독서를 통하여 길러진다. 그는 흐뭇한 미소를 지으며 말한다. "농심엔지니어링의 일원이 되고자 하는 지원자가 있다면 『3분 고전』, 『10년 후 일의 미래』 등의 책을 권하고 싶다고.

북한 땅에 라면공장을 건설할 기회가 있을까?

공자는 인자요산(仁者樂山), 어진 이는 산을 좋아한다고 했는데 그는 산을 좋아한다. 그는 '산은 내가 노력한 만큼 성취와 기쁨을 선사하고 마음이 사악한 사람은 산을 좋아할 수 없다'고 생각한다. 그는 설악산 대청봉에서 새해 일출의 장관을 가슴 벅찬 감동으로 바라보기도 하였고, 공룡능선, 용아장성을 단독산행하였으며, 설악 대청봉을 40여 차례 오를 만큼 산을 좋아한다.

오래전부터 세워둔 평생의 산행 목표 중 하나인 알프스 몽블랑을 등

정하는 것은 미래의 과제로 아직 남아 있다.

산을 좋아하는 그는 아침형 인간이다.

나는 요즘 CEO 조찬강의에 참석하기 위해 아침 일찍 강의장에 도착할 때가 종종 있는데, 대한민국을 이끌어가는 리더들은 모두 아침형 인간이 아닐까 하는 생각이 들곤 한다. 이른 아침 서울 시내를 달리는 승용차를 주의 깊게 관찰해 보면, 검은 고급승용차가 많다는 것을 느낀다. 아침형 인간은 정신이 맑은 아침에 중요한 일정을 잡아 움직인다.

평범한 직장인으로 출발하여 모든 직장인의 꿈이라 하는 대기업 임원의 자리에 올랐고, 회사의 대표이사까지 하게 되었으니 이미 그는 꿈을 이룬 사람이다. 하지만 그는 꿈을 이루었다고 해서 그 꿈에 안주하지 않으려 한다. 왜냐하면 그 꿈에 안주하는 순간 후퇴를 시작하는 것이고, 꿈을 이루도록 도와준 사람들에게 실망을 안겨 주는 과정을 밟게 되기 때문이다. 그는 꿈 너머 꿈을 생각한다. 꿈을 이루기 위한 노력을 아끼지 않는 그는 두 가지 새로운 꿈을 꾸고 있다.

첫째 그동안 자신을 도와준 동료들과 후배들에게 지금보다 더욱 경쟁력 있는 회사로 성장시켜 물려주는 것이고, 둘째 농심의 전문 분야인 라면공장을 북한에 건설하는 것이다. 아프리카 등 다른 나라에 공장을 건설하는 것도 의미 있는 일이지만 우리의 동포가 살고 있는 북한 땅에 라면공장을 건설하여 그들의 배고픔을 해결해 줄 수만 있다면 얼마나 보람된 일인가?

그는 "임기 중에 그런 기회가 주어질 수 있을 것인가?"라고 말하며 잠시 눈을 감았다.

"자신이 할 수 있는 일은 모두 해놓고 나머지는 하늘의 뜻에 맡긴다"고 하면서…….

우리 동포가 살고 있는 북한 땅에 라면공장이 세워지는 날을 위해 오늘도 그는 파이팅을 외친다.

마키아벨리

김상근 지음 | 21세기북스(북이십일)

일반적으로 마키아벨리는 독재자를 위한 지침서를 쓴 사악한 정치 이론가로 인식되어 있다. 이에 반하여 저자는 마키아벨리의 진짜 모습을 재조명하여 지극히 인간다우며 약자들의 편에 서서 약자들을 위로하고 국가의 이익을 위하여 노력한 훌륭한 외교관이었음을 강조하고 있다. 책 내용 중에는 가난한 아버지의 위대한 유산과 채찍과 당근으로 통치하라, 시간을 끄는 것도 전략이다 등 독자에게 전달하는 강력한 메시지도 있다.

세종처럼

박현모 지음 | 미다스북스

한민족의 영원한 스승이며 위인인 세종을 바로 알 수 있는 책이다. 세종의 토론방식과 합금식 회의, 독서경영, 인재경영, 토론경영이 돋보인다. 총163권 154책으로 구성되어 있는 『세종실록』의 요체를 국가의 최고경영자이자 리더인 세종을 주인공으로 입체적으로 통찰하고 현재적으로 망라한 책이다. 한국학중앙연구원의 박현모 교수가 운영하는 '세종실록학교'의 강의를 바탕으로 삼고, 이후 녹취원고 정리와 재집필 과정, 여주군에 있는 세종대왕유적관리소와 세종대왕기념사업회의 사진 및 그림자료 협조 등을 거쳐 완성되었다.

상투를 자른 사무라이

이광훈 지음 | 따뜻한손

지금으로부터 150여 년 전, 조선 말기에 일본의 60여 개 현 중의 하나인 야마구치 현에서 길러진 사무라이들이 어떻게 명치유신을 이끌었고, 조선은 그들에 의하여 철저하게 농락당하고 결국 합병이라는 치욕의 역사를 갖게 되는 과정을 그린 책이다. 더불어 일본인들이 갖고 있는 근본적인 우경사상을 객관적으로 설명하고 있으며, 그 당시 조선 사회와 비교하여 다른 점을 적절하게 묘사하고 있다.

세계 초일류 기업과
독서경영

이건희
삼성 그룹 회장

책에 미친 열정, 삼성에서 펼치다

사람들은 무척 궁금해했다. 어떻게 해서 내가 독서경영 강의를 하게 되었는지……. 사실 오늘 이 시간까지의 삶을 돌아보면 가슴이 뭉클해진다.

오늘이 있기까지 나에게는 잊지 못할 사건(?)이 있었다.

"어디 미친 사람 없나요?"

"예? 미친 사람이요? 어디에 미친 사람 말입니까?"

"책에 미친 사람 어디 없나요?"

"아, 책에 미친 사람 있습니다. 제 후배 다이애나 홍이라고 있습니다."

필자에게는 잊지 못할 귀인이 있었다. 바로 한국기업마케팅교육원장, 김정순 원장이다.

어느 날 연락이 왔다. 삼성에서 미친 사람을 찾는데 "딱 다이애나 홍이 맞는 것 같다" 하시면서 삼성전자 구미공장에 독서 강의를 하도록 문을 열어 주었다.

놀라웠다. 삼성전자에 강의하러 갔는데, 회사 복도에 도서관인지 서점인지 모를 정도로 책이 많은 것을 보고, 충격이었다. 그때만 해도 필자는 책이 있는 공간이면 그곳이 어디든 최고의 행복을 느끼던 시절이다. 사실 지금도 그렇지만.

그렇게 삼성전자 구미공장에서 '독서경영' 첫 데뷔를 했다. 그랬다. 삼성이란 곳은 대한민국을 넘어 세계 속의 초일류 기업이다. 너무 높게, 너무 멀게만 느껴졌던 큰 기업이었다. 학연, 지연, 혈연의 삼 형제가 없으면 세상에서 큰일을 할 수 없는 줄 알았다. 하지만 그런 편견도 잠시였다. 사실 대한민국 문화가 그런 시절도 있었다. 배운 것 없고, 빽 없고, 돈 없는 빈농의 자녀들이 중앙무대에 진출하는 것은 참으로 쉽지 않았다.

그런 단단한 삼 형제 장벽을 시원하게 무너뜨린 회사가 삼성이었다. 자신이 하는 일에 미쳐 있으면 되는 곳, 살아 있는 눈빛과 태양을 닮은 뜨거운 열정이 있으면 통하는 곳이 구미공장 삼성전자였다. 기회는 반드시 온다. 준비된 자에게는.

그 당시 구미공장 공장장이셨던 고 장병조 부사장은 명언을 남겼다. "가방에 지갑은 빼고 다녀도 책은 넣고 다녀라."

삼성전자에서 첫 데뷔를 한 후 'CEO를 위한 비즈니스 독서경영'이라는 주제로 1일 세미나를 했고, 그 세미나에서 강의를 들은 경영자들이 자신의 회사 직원들을 위해 강의를 요청했다. 그 이후에 나는 수많은 기업체, 학교, 관공서를 종횡무진 뛰었다.

삼성전자는 나에게 첫사랑과도 같다. 잊을 수 없고, 첫사랑의 가슴 떨리는 심정으로 삼성의 독서 강의를 했다. 삼성전자에 강의를 가면, 참으로 신난다. 신날 수밖에 없도록 만드는 곳이 삼성이다. 강사가 강의에 불편함이 없도록 강의에 관련된 인프라를 잘 제공해 준다. 무엇보다도 강의장에 들어서는 순간, 폭발적인 에너지를 느낀다.

처음에는 깜짝 놀랐다. 강의를 위해 문을 열고 들어가는데, 갑자기 "와~!"하는 함성과 함께 커다랗게 터지는 박수소리, 너무나 놀랐다. 강사를 환영하는 메시지가 이보다 더 좋을 수 있을까! 무의식적으로 내 가슴은 뛰기 시작하고 심장은 뜨거워진다. 어느 강사가 이런 함성과 박수소리를 듣고 열강을 하지 않겠는가?

삼성전자에 이어, 독서경영은 삼성계열사로 이어졌다. 특히 내가 아끼고 좋아하는 기업은 삼성바이오로직스다. 그곳에 독서경영 강의를 갔을 때 최고의 기업에는 최고의 인재가 있다는 것을 또 한 번 확인하게 되었다. 역시 이곳도 강의장 문을 여는 순간 와~! 함성과 박수가 터졌다. 참 대단한 DNA를 가졌다. 열강할 수밖에 없다. 신난다. 강사는 청강생의 눈빛에서 에너지를 얻는다.

어느 날 독서동호회 회원들과 간담회를 하는 시간이 있었다. 강의 중에 추천해 주었던 책들로 꽉 채워진 북까페를 정겹게 꾸며 놓았다. 인증 샷도 한 컷 찍고 독서토론의 스킬과 아이디어를 위한 애드리브 등에 대해 이야기꽃을 피웠다. 영어를 가장 잘 구사하는 직원, 자신이 하는 분야에서 최고 전문가가 되려는 것, 독서를 가장 많이 하는 회사, 삼성바이오로직스다.

"우리 회사를 100년을 보고 독서경영을 해주세요."
그들이 남긴 이 한마디가 심장을 울렸다.

삼성맨들에게는 특별히 다른 점이 있다. 책을 읽으라고 강요하지 않아도 스스로 알아서 읽는다는 것이다. 어느 기업이든 두 부류가 있다. 읽는 사람과 읽지 않는 사람, 좋아서 읽는 사람과 억지로 읽는 사람, 여기서 가장 중요한 것은 책이 좋아서 읽는 사람이다. 앞으로 일낼 사람들이다.

인재양성, 삼성의 뿌리가 되다

이 모든 뿌리는 어디서 온 것일까?
바로 삼성의 수장인 이건희 회장에게 비롯된 것이다. 시중에 나와 있는 수십 종의 책은 그가 어떤 영웅인지를 너무도 잘 설명해 주고 있다.

©연합뉴스

나 역시 이건희 회장과 관련된 책을 수십 권 읽었다. 특히 신현만의 『이건희의 인재공장』이라는 책은 달달 외우고 싶을 정도였다.

삼성의 인재사관학교의 인재양성 프로그램은 까다롭지만 그만큼 장수한다.

삼성의 전현직 CEO 100명의 경력을 분석했더니 사장의 3분의 1이 현재의 미래전략실 출신이고, 미래전략실은 사장으로 가는 길이다. 삼성 CEO, 그들은 누구인가?

"삼성의 인재는 곧 삼성의 시스템이다. 기업 경영은 인재에서 나온다."

그렇다면 삼성의 CEO는 어떻게 만들어지는가? 임원들 중 상위 1% 사람들만 CEO로 승진한다. 어떤 사람이 삼성의 인재가 되는가는 입사 후 3년 안에 결정된다. CEO 한 명을 만드는 데 수백억을 투자한다. 전략기획실이 삼성을 움직인다. 미래핵심인재의 키워드는 글로벌 감각이 있는 사람, 그리고 누가 삼성 CEO로 살아남는가이다.

모든 것은 경쟁을 통해 결정된다. 세계 최초, 세계 최고만을 시장에 내놓고 있는 삼성은 '사람, 기술, 스피드'를 중시한다. 그리고 보상 시스템이 경쟁 시스템을 만든다. 이 경쟁에서 승자만이 최고의 자리에 오른다. 승자가 되기 위한 가장 빠른 길은 성과를 내는 것이다.

그렇다면 승자가 아닌 패자에게는 어떻게 대할까? "실패해도 좋으니 도전만은 멈추지 마라"고 격려한다. 실수한 직원들에게 종합비타민을 돌리며, "아프지 마세요. 이 약 먹고 힘을 내세요. 돈 잃고 인재도 잃을 수 있으니까……!"라고 했다는데, 정말 가슴 뭉클한 이야기다.

오늘의 삼성은 그들만의 인재양성 시스템이 있기에 가능할 수 있었다. 교육과 경쟁으로 단련된 삼성에는 고급인재들이 거의 다 모여 있다. 일본이 삼성을 절대로 이길 수 없는 이유는 한 나라의 인재가 모두 모여 있는 곳이 삼성이기 때문이다. 학벌보다 인성과 능력을 중시하며 3주 신입생 교육이 끝나면 사람이 달라진다. 유능할수록 더 많이 교육시킨다.

최상의 복지가 최고의 인재를 부른다. 이건희 회장은 동경유학 시절에 읽었던 여공들의 비참한 노동 조건에 충격을 받았다. '우리 공장은 절대로 그래서는 안 되겠다'는 굳은 결심을 했다고 한다. 환경이 나쁘면 작업에도 싫증이 나기 마련이다. 기숙사에는 쾌적한 시설, 스팀난방은 물론 여러 편의시설을 갖추었다. 그래서일까? 삼성전자와 계열사 강의를 갈 때마다 근무환경이 쾌적했고 친절도는 단연 최고였다.

고독, 몰입의 독서

은둔의 제왕, 이건희는 고독한 천재다. 어린 시절부터 홀로 오른 유학길에서 고독한 생활의 연속이었다. 고독은 성장의 힘이다. 홀로 책 읽기, 영화감상과 승마, 골프, 레슬링, 탁구, 스키, 자동차 수집 등 다재다능한 활동을 했다.

그는 창의성과 자율성을 중시한다. "두 시간 일해도 좋고, 집에서 놀아도 좋다. 다만 앞으로 나아가겠다는 사람 뒷다리는 잡지 마라"는 것이다.

자유로운 영혼이 춤추는 곳, 미치고 싶은 사람에게 미칠 수 있도록 영혼을 자유롭게 하는 곳이 삼성이다.

그러한 회사 분위기를 만든 사람이 누구일까? 역시 이건희다. 이건희의 삶을 들여다보면 철저히 고독 속에서 지낸 삶이었다. 외로움과 고독은 다르다. 외로움은 외부적인 요소이고 고독은 내면적인 요소다. 외로움은 누구 때문에 느끼는 것이고, 고독의 스스로에 의해 느끼는 것이다.

외로움이 지하 1층의 감정이라면 고독은 지하 5층에 있는 감정이다. 오래된 것들은 아름답다고 했고, 잘 물든 단풍은 봄꽃보다 아름답다고 했다. 고독을 잘 견디면 최고의 명작을 만들 수 있다. 가장 중요한 것은 혼자만의 시간을 어떻게 보내느냐. 오늘날의 이건희 회장을 있게 한 가장 큰 힘은 혼자 있는 고독의 시간이었다. 고독 속에서 해야 할 것은 결국 '독서'임을 시간이 많이 지난 다음에 우리는 스스로 느낀다. 독서의 힘은 성장의 힘이다.

"책은 술과 비슷하다. 읽을수록 문장에 취해 더 읽도록 만드는 것이 책이다."

이건희 회장은 신문의 글자를 한 자도 빼놓지 않고 다 읽는다고 한다. 시간이 넘쳐나는 사람도 아니고 초를 다투는 상황에 놓인 사람이기에 황당한 일이다. 그는 밤을 새워 책을 읽는 중독자다. 청와대에 참석하기로 되어 있는데 전날 밤을 새워 책을 읽고는 눈이 벌개져서 참석한 일화를 미루어 보아도 독서광임을 짐작할 수 있다.

안상헌의 『이건희의 서재』를 살펴보자.

"이건희 회장은 삼성 본관 28층에 있는 자신의 집무실에도 잘 나오지 않고 주로 한남동의 승지원에서 업무를 본다. 야행성 체질이어서 낮보다는 주로 밤에 일한다. 아니, 일한다기보다는 몇 시간이고 꼼짝 않고 생각에 잠긴다. 종종 초밥 서너 개만으로 하루를 버티며, 생각에 빠지면 48시간 동안 잠을 안 자기도 한다. 어딘가 어눌해 보이고, 말도 걸음걸이도 느리다. 표정에도 변화가 없다. 게다가 사람 이름을 못 외는 데는 천재적이다. 모습을 잘 드러내지 않고 과묵하며 사색을 즐긴다."

이런 그의 행동에서 분명히 알 수 있는 것은 혼자됨이 그의 중요한 일과이며, 에너지의 원천이라는 것이다. 그의 이런 성격은 하루아침에 형성된 것이 아니다.

혼자됨과 외로움, 고독에 대한 이야기를 이처럼 길게 늘어놓았던 이유를 이미 어렴풋이 짐작할 것이다. 이건희는 철저히 혼자됨을 즐기는 사람이다. 신경영 선언을 하며 경영의 전면에 나서기 전까지 그는 '은둔의 경영인'으로 알려져 있었고, 이후에도 회사에 출근하는 날은 거의

　　　　　　　　　　　　　　　　　　　　　　　　　CEO의 독서경영

없이 재택근무를 하며 혼자 시간 보내기를 즐겼다.

지금의 내성적이고 밤에 주로 활동하는 성격, 끝까지 해결될 때까지 해당 관련자를 집에까지 오게 한 것은 고독이란 친구가 있었기 때문에 가능했다.

이지성의 『스물일곱 이건희처럼』에서 밝힌 27세 이건희는 평범했다. 공부는 뒤로 하고 영화를 1,200편 보고 골프를 즐기고 애완견을 키웠다. 그는 어른이 된 이후에 '진짜 공부'를 했다. 세계 일류기업을 벤치마킹해서 삼성을 최고의 기업으로 키웠다. 하지만 지금은 세계 기업들이 삼성을 벤치마킹할 만큼 초일류 기업이 되었다.

젊은 시절에 그는 초현실 감각의 갑옷을 입고 창과 방패로 쉬지 않고 전진했다. 외면은 직원, 내면은 CEO의 마인드로 앞날을 대비했다. 성공한 사람은 20, 30대를 전투적으로 살았다는 공통점이 있다. 이건희는 그 누구보다 전투적으로 산 사람이다.

13년의 실패를 딛고 다시 일어선 그는 "삼성병을 못 고치면 삼성은 망한다"고 생각하며, 미래를 놓고 몸이 마를 정도로 고민했다. 책을 읽고, 전문가들에게 묻고, 성공한 기업을 조사했다.

강한 임팩트에 유머까지 겸비한 화술

오늘날 대한민국 대표 기업 삼성 이건희 회장에게 우리는 3가지를 배울 수 있다.

첫째, 자기계발에 목숨을 걸어라.

둘째, 자기계발에 돈 쓰는 것을 절대로 아까워하지 마라.

셋째, 주변 사람들이 당신을 어떻게 보든 자기계발에 몰두하라.

『이건희의 27법칙』에 의하면, 이건희의 자기계발은 역시 독서였다. 지독한 독서로 자신과 조직을 도약시켰던 것이다.

그는 따뜻한 영혼의 소유자이기도 하다.

1990년대에 들어서자 급진적 페미니즘이 점점 더 힘을 얻으면서 남자들, 특히 아버지의 권위가 땅에 떨어졌다는 볼멘소리가 튀어나오기 시작했다. 그래서 드라마 '고개 숙인 남자'가 많은 남성 시청자로 하여금 공감을 일으키게 했다. 이러한 사회 분위기와 맞물려 김정현의 소설 『아버지』가 등장했다. 이 소설은 췌장암에 걸린 50대 가장이 가족과 화해를 이루지 못한 채 죽어가는 비극적 멜로드라마를 그렸다.

『아버지』는 사회 분위기 때문이기도 하지만 이건희 회장 덕분에 베스트셀러가 되었다. 이건희 회장이 읽고 감명을 받아 삼성의 전체 간부들에게 선물했다는 소문과 함께 책 판매에 속도가 붙기 시작해 200만 권 가까이 팔렸다.

이건희 회장은 임팩트가 강하면서 유머도 잃지 않는 화술의 소유자로도 유명하다. 이러한 내공을 소유하게 된 데에는 역시 책이 있었다.

이건희 회장이 한 달에 읽는 책은 20여 권에 달한다. 책을 많이 읽은 사람은 긴 말을 하지 않지만 촌철살인이다.

이 회장 역시 그렇다. 경영 현안에 대해 허투로 답하는 법이 없다. 그래서 이 회장이 내놓는 경영 화두는 단문이면서도 임팩트가 강하다. 현상에 대한 핵심을 짚어내는 그의 말은 재계의 중요 화두가 되곤 한다.

게다가 이 회장은 상대를 편하게 만드는 유머도 가미했다. 그는 여성 승진자들과 오찬 자리를 가지면서 여성 직원들에게 "가정일과 회사일을 하다니 대단하다. 남자들에게 시키면 못할 것이고 나부터도 도망갈 것"이라고 말해 좌중의 배꼽을 잡게 했다. 이처럼 그는 유머형 리더이기도 하다.

창조와 혁신의 아이콘 이건희, 그는 1993년 "마누라랑 자식 빼곤 다 바꾸라"라고 말하며 신경영을 선포했고, 이후 삼성은 세계 최고로 우뚝 섰다.

하지만 그는 결코 자만하지 않고 있다. 그는 2006년에 "남들이 안 하는 창조경영을 펴야 한다"며 창조경영을 선언했고, 2010년에는 "10년 안에 삼성을 대표하는 제품이 사라질 것"이라며 결코 현실에 안주하려 하지 않았다.

이건희 회장이 있는 한 삼성의 진화는 결코 멈추지 않을 것이다.

스물일곱 이건희처럼

이지성 지음 | 다산라이프

『꿈꾸는 다락방』, 『여자라면 힐러리처럼』 등의 베스트셀러 저자인 이지성은 젊은 시절의 이건희를 변화시킨 자기계발법에 주목하고 현실감각, 성공관념, 진짜공부를 내용으로 한 삼각공부법과 업의 본질에 생각을 집중하는 이건희처럼 제대로 일하는 법을 배우라고 설득하고 있다. 20대까지만 해도 형제들 사이에서 주목받지 못했던 이건희라는 인물이 그때까지만 해도 세계 속에서는 삼류에 불과했던 삼성을 세계 초일류로 올려놓기까지 어떤 계기를 통해 자극을 받고 어떻게 자신을 단련하였는지, 이건희 개인의 자기계발 전략에 집중해 연구하기 시작했다. 그 결과, 세계 10대 기업이라 할지라도 오일쇼크 하나로 순식간에 무너질 수 있다는 충격적인 사실을 깨닫고 현실감각을 유지하며 현재를 절박하게 살았던 점을 주목하고 젊은 이건희의 특별한 공부법과 제대로 일하는 법을 재구성해냈다.

대한민국 20, 30대들에게 이건희는, 안주하고 싶은 마음을 떨치고 미래를 준비하기 위해 어떻게 현실을 바라보아야 하고 어떻게 치열한 고민을 하고 공부해야 할지 가장 강력한 자극과 최고의 역할모델이 될 것이다. 그의 삶은 20대부터 줄기차게 준비만 하고 그 자리에 머물러 있는 사람들에게 즉각 '행동'할 수 있도록 동기를 부여해 주고 실천할 수 있는 툴들을 안내한다. 이 책을 통해 안주하고 싶은 마음을 떨치고 미래를 준비하기 위해 어떻게 현실을 바라보아야 하고 어떻게 치열한 고민을 하고 공부해야 할지 강력한 자극을 받고 인생의 터닝포인트를 지혜롭게 맞이하는 탁월한 롤모델을 만날 수 있을 것이다.

이건희의 인재공장

신현만 지음 | 새빛에듀넷

이 책은 크게 세 부분으로 구성되어 있다. 첫째, 삼성을 이끄는 임원급의 뛰어난 인재들을 어떻게 길러내는지, 그리고 이들 가운데 CEO는 또 어떻게 키워내는지 집중적으로 해부했다. 둘째, 삼성은 입사하는 사람을 어떻게 인재로 양성하는지, 그 인재양성 시스템에 대해 자세하게 소개하고 있다. 셋째,

이병철 회장부터 이건희 회장을 거쳐 이재용 부회장에 이르는 총수들의 인재관을 살펴 삼성이 어떤 인재를 고르고 키우는지 분석했다.

이 책은 삼성의 전·현직 CEO 100명을 분석해 이를 토대로 삼성의 인재상과 인재선발 및 육성방법을 역추척했다. 기자 출신으로 현직 한국 최대 헤드헌팅 회사 사장인 저자는 명실상부하게 삼성을 이끌고 있는 실세라 할 수 있는 CEO들이 어떻게 입사해서 어떤 경로를 거쳐 CEO에 이르는지 그 전 과정을 세세하게 들여다보고 있다. 이들의 연령대, 학벌, 승진 연한, 출신지역, 품성과 자질, 교육훈련 내용 등을 다각적으로 분석하여 그래프로 일목요연하게 표현하였다.

안상헌 지음 | 책비

'다독가로 널리 알려진 이건희의 서재에는 과연 어떤 책들이 꽂혀 있을까?'라는 궁금증과 호기심에서 출발한 책이다. 이 책은 삼성을 세계적인 기업으로 성장시킨 이건희의 탁월성이 어디에서 비롯되었는지를 발견하고, 그 탁월함에 영향을 미친 책들을 살펴보고자 쓰였다. 저자는 이건희의 인생과 그의 경영 활동을 토대로 그에게 영향을 미친 다양한 장르의 책들을 선별하였고, 그것을 통해 사람과 책이 서로 관계를 맺고 성장하고 나아가는 모습을 그려냈다. 통찰력과 탁월함을 두루 갖춘 이건희의 삶과 그가 읽은 책들의 관계를 살펴보는 것은 책이 사람에게 어떤 영향을 미치고, 이건희의 개인적 능력이 어디에서 기인한 것이며, 그것을 말해 주고 있는 책들을 재발견하는 의미를 갖는다. 더불어 독자들은 이 시대를 살아가는 데 필요한 역량과 태도를 어떻게 준비하고 어떤 방법들을 사용해야 할지 성찰하는 기회를 갖게 될 것이다.

창조와 혁신은
책에서 비롯된다

이성철
전 현대자동차 부사장,
현대자동차 그룹
인재개발원 원장

〈참고사항〉
이성철 원장은 2014년 1월에 현대자동차 그룹
자문역으로 자리를 옮겼다.
이 원고는 그가 원장으로 재임할 때 집필되어
호칭을 그대로 사용하였다.

뿌리가 깊은 나무는 열매가 토실하다

성공한 사람들에게 "당신은 어떻게 해서 이렇게 성공할 수 있었느냐"고 물어보면 그들은 한결같이 이렇게 답한다. "운이 좋았다"고. 현대자동차 그룹 인재개발원 이성철 원장 역시 "운이 좋아서 지금의 자리에 왔다"고 겸손의 말씀을 하셨다.

미국 오하이오 주립대학에서 박사학위를 받은 그는 배움에 대한 열정이 남다른 부모님 밑에서 자랐다. 그의 부모님은 국가관, 사회관, 생활관 등 그야말로 원칙주의의 교육을 철저히 시켰다. 학교공부는 물론, 동화책부터 서양문학에 이르기까지 폭넓은 독서는 어린 시절부터 시작되었다.

이북 평안도가 고향인 그의 친가와 외가는 1920년대에 자식들을 독일 베를린대학, 경성제대 등에 유학 보낼 정도로 앞선 열린 생각을 가지고 있었으며, 특히 배움에 대한 열정이 아주 높았다. 그의 부모님은 별도의 서재를 꾸며 학습의 분위기를 조성하고, 새벽까지라도 잠을 자지 않고 과제 마무리를 반드시 하도록 훈련시켰다.

역시 뿌리가 깊은 나무는 열매가 토실하다. 친가와 외가의 학습열정은 그에게 그대로 전해졌고, 현대자동차 그룹의 교육 부문 수장의 역할이 우연은 아닌 듯하다.

이성철 원장을 처음 뵈었을 때 그의 책상 위에는 온통 책들로 가득차 있었다. 아는 사람들이 보내 온 책들이라며, "궁금해서 빨리 읽고 싶은데 시간이 만만치 않다"고 했다. 내가 준비해 온 책 몇 권을 드렸더니, "이미 읽은 책들"이라고 하여 나를 당황하게 했다. 특히 『필립 코틀러의 마켓3.0』은 내가 아끼는 책이라고 했더니, 이미 원서를 읽으셨다고 하시는 게 아닌가.

현대차 하면 상징적으로 '씩씩함, 즉시실천, 행동파, 의리파, 정의파' 같은 단어들이 생각난다. 그래서일까? 신간을 읽는 것도 역시 빠른 듯하다.

현대차 직원들을 대상으로 강의를 할 때면 '씩씩한' 반응을 느끼곤한다. 질문하는 목소리는 우렁차고 시원시원하다. 내가 강의 현장에서느낀 현대 스타일은 '즉시, 반드시, 될 때까지 한다'라고나 할까?

"행하는 자 이루고, 가는 자 닿는다"라는 명구는 고 정주영 회장이마지막으로 세상을 떠나던 순간까지 일관되게 강조했던 좌우명이자그의 행동주의적인 삶과 경영철학을 가장 정확하게 표현하고 있다. 그가 '이룰 수 있었던 것'은 결국 그가 '행했기' 때문이고, 자신이 목표한바를 이루기 위해 '가고 또 갔던 것'이다.

이성철 원장은 1976년에 미국 유학을 가서 학위를 취득한 후 1983년에 워싱턴DC의 IT회사에서 직장생활을 시작하고, 이후 GM에서 근무했다. 현대 가족이 된 것은 1988년이니 현재 25년째 근무 중이다. 그는 연구소에서 자동차 및 선행기술개발을 담당했고, 벤처육성 및 투자관리, 신사업 및 고객채널 개발, 전략기획 업무 등을 거쳐 현재 현대자동차 그룹 인재개발원에서 일하고 있다. 창의적인 생각과 도전을 두려워하지 않는 개척자 정신으로 변화를 즐기고 있다.

독서는 변화를 즐기게 한다

그는 "독서는 변화를 즐기게 해준다"고 말한다. 책을 읽으면 사고를 확장시켜 주기 때문에 새로운 아이디어를 창출해낼 수 있다. 일례로 매킨토시 컴퓨터, MP3 플레이어인 아이팟, 아이폰 등 혁신 제품을 창조한 스티브 잡스 역시 다독가로 유명하다. 그는 자신의 인문학적 지식을 IT에 적용한 실용적 천재였다. 또 빌 게이츠는 "하버드대학 졸업장보다 더 소중한 것은 책 읽는 습관"이라고 말한 바 있다.

"책을 읽는다는 것은 많은 경우에, 자신의 미래를 만든다는 것과 같은 뜻이다."
-랜프 월도 에머슨

이성철 원장은 평소에 무언가 깊이 생각하는 습관이 있는데, "그동안 읽었던 책 속의 어휘들이 바람처럼 날아다닌다"고 한다. 그는 『섬광예지력』을 읽고 크게 힌트를 얻었다. 번쩍이는 영감, 미래를 보는 통찰력, 숨겨진 기회를 발견하는 것은 언제나 깊이 생각하는 습관에서 나온다는 것을 깨달았다. 천천히 생각하고, 느끼며, 새기며 읽을 때 섬광처럼 미래를 볼 수 있고, 미래를 만들어 갈 수 있는 예지력이 생긴다는 것이다.

이 세상의 어떤 사물이든 언젠가는 흐려지고, 질주하다가 사라질 수밖에 없다. 따라서 변화가 아니라 변혁을 해야 한다. "습관은 참으로 중요하다"는 이성철 원장은 "습관은 무의식중에 나오는 것이기 때문에 노력하지 않으면 좋은 습관을 만들 수 없음"을 강조한다. 일주일에 한 시간 핸드폰과 노트북을 끄고 오직 내 마음과 만나는 시간, 현재를 분리시키고 오직 예측 가능한 나만의 미래를 탐험하는 시간을 갖는다.

그는 현대자동차 그룹의 인재양성에 특히 도움이 되었던 책으로 다니엘 핑크의 『새로운 미래가 온다』를 꼽았다. 하이콘셉트, 하이터치 시대에는 특별한 인간의 재능들이 부각을 나타낼 것이다. 컴퓨터가 할 수 없는 것들, 즉 디자인, 스토리, 조화, 공감, 놀이, 의미 등이 그것이다. 우리 눈을

즐겁게 하는 디자인을 창조하는 디자이너, 스토리를 만드는 작가, 조화를 이끌어내는 오케스트라 지휘자, 공감을 이끌어내는 상담가, 의미를 끌어내는 평론가 등이 다가올 시대에 주목받을 것이다. 이성철 원장은 책의 핵심 내용을 줄줄 외우듯 말씀하셨다. 얼마나 깊이 생각하며 읽었는지 독서경영 전문가인 나보다 더 깊이 있는 독서를 하시는 듯하다.

해외에 있는 사람이 이 일을 더 싸게 할 수 있는가? 컴퓨터가 이 일을 더 빨리 할 수 있는가? 풍요의 시대에 비물질적이며 초월적인 욕구를 만족시키는 상품이나 서비스를 제공하고 있는가? 다니엘 핑크에 의하면 이 세 가지 질문은 누가 앞서가고, 누가 뒤처지느냐를 판가름하는 기준이 된다. 감성적 아름다움을 창조하는 능력, 얼핏 보면 관계가 없어 보이는 아이디어들을 결합해 뛰어난 발명품으로 만들어내는 능력, 마음의 공감을 이끌어내는 능력, 인간관계의 미묘한 감정을 이해하는 능력, 어떤 사람의 개성에서 다른 사람을 즐겁게 해주는 요소를 도출해내는 능력, 평범한 일상에서 목표와 의미를 이끌어내는 능력은 하이콘셉트, 하이터치 시대에 필요한 것들이다.

책 이야기를 하는 동안 그는 신들린 사람처럼 열정적이었다. 그는 미래학뿐만 아니라 역사에도 조예가 깊었다. 『삼국지』와 사마천의 『사기』 등 실타래처럼 이야기를 풀어갔다. 해박한 그의 지식에 감탄한 나는 "현대자동차 그룹 인재개발원장이 되려면 이렇게 책도 많이 읽어야 하나요?" 하는 농담 섞인 질문을 던졌는데, 그는 그냥 웃으신다. 부정도 긍정도 하지 않는 그 웃음은 강한 긍정이라고 해야 될까?

마르지 않는 지혜의 샘은 책 속에

현대자동차 그룹은 '인재가 가장 중요한 자산'이라는 변치 않는 믿음을 가지고 있다. 현대차는 이제 한국을 넘어 세계적인 브랜드가 되었다. 현대차가 세계적인 브랜드가 되기까지는 누가 뭐래도 인재들의 힘이 컸을 것이다. 몇 년 전 경쟁사인 도요타와 닛산자동차가 기술 결함으로 어려움을 겪는 동안, 현대차는 성능이 뛰어난 자동차를 제작해 경쟁사보다 낮은 가격으로 판매하면서 '10년, 10만 마일 보증서비스'와 '실직하면 차를 되사 주겠다'는 전략을 펼쳤다. 이 전략은 과히 성공적이었다.

또한 '고객에게 사랑받는 차'의 이미지로 고객을 사로잡았다. 실제품질과 생각품질을 일치시키는 작업을 했고, 자동차 시장에서 1위에 우뚝 설 수 있었다.

그렇다면 현대차 그룹 정몽구 회장의 독서 스타일은 어떠할까? 정몽구 회장의 독서 스타일은 한마디로 '온고지신(溫故知新)'이다. 이 말은 '옛 것을 알면서 새 것도 안다'는 뜻으로, 『논어(論語)』「위정편(爲政篇)」에 나오는 공자의 말이다.

"옛 것을 알고 새 것을 알면 남의 스승이 될 수 있다"는 공자의 말처럼, 정몽구 회장은 미래를 예측하기 위해 역사 관련 책들을 즐겨 읽는다. 그는 역사 관련 책들과 해외 풍물과 자연 등을 소개하는 서적을 깊이 탐독하는 것으로 유명하다. 그리고 본업인 자동차와 관련된 상당한 수준의 전문 서적도 소장하고 있다. 부전자전(父傳子傳)이라는 말이 있듯이, 정의선 현대자동차 부회장도 아버지 정몽구 회장을 닮아 역사 서적을 즐겨 읽는다. 특히 이순신 장군과 관련된 책들을 모두 탐독할 정도이다. 평소에 그는 "해외 비즈니스가 많은 만큼 우리 역사를 제대로 알아야 한다"며 해외 근무자뿐만 아니라 모든 임직원들에게 역사 서적을 읽도록 독려하고 있다.

현대 그룹의 인재양성을 책임지고 있는 인재개발원에서는 독서경영을 어떻게 하고 있을까? 인재개발원에는 '독서포럼'이 있다. 2008년부터 시작된 독서포럼은 팀별 및 부서별로 매월 이루어진다. 독특한 아이디어가 생명이니만큼 창조와 변화 관련 책들을 중심으로 읽는다. 또 머리가 말랑말랑해지는 감성을 키우는 책들, 문화 예술 분야 등 다양한 분야의 책들을 읽는다.

인재개발원에서는 모두가 같은 책을 읽게 하지 않고 각자 선호하는 책을 읽게 한다. 이렇게 서로 다른 책을 읽은 다음 책의 핵심 내용과 생각을 주제토론(오프라인)과 블로그(온라인)를 통해 나눈다. 그리고 읽고

토론한 내용은 회사 홈페이지 COP에 올려서 공유하며, 독서근육을 키워가고 있다. 이렇게 읽은 책이 1인당 연간 20여 권에 이르고, 팀별로는 300여 권에 이른다. 또 월간 다독상도 선정하고 있어서 참여도가 높은 편이다.

이성철 원장은 직원들의 인문학적 감성을 기르기 위해 온라인 러닝센터와 전자도서관을 운영하고 있다. 외국어 및 각종 직무와 관련된 다양한 강의자료와 인기 서적들이 언제든 준비되어 있다. 이처럼 독서가 습관화, 체질화할 때 비로소 독서근육이 단단해진다.

현대자동차 그룹은 인재의 지속적인 성장과 무한한 잠재력을 발굴하고 키워가는 기반을 제공하는 인재경영을 실천하기 위해 기본적으로 개개인의 능력을 상호 존중하고, 편견 없이 공정하게 대우하는 기업문화를 추구하고 있다. '비즈니스 성과를 주도하고 미래가치를 창출하는 창의적인 인재'를 육성하여 글로벌 시장에서 앞서가는 기업이 된 것이다.

롱런을 위한 일과 휴식의 균형

이성철 원장은 음악에도 조예가 깊다. 그는 대학 1학년 때부터 기타에 빠졌다. 미국에 갈 때 기타를 들고 갈 정도였다. 기왕 하는 것을 제대로 하기 위해 실용음악학원을 찾아가 전문교수로부터 지도를 받았다. 그리고 이론적인 음악 지식을 노트에 정리했다. 그는 특히 작곡과 편곡하는 것에 관심이 많다. 좋은 노래를 편곡하는 것을 즐긴다.

자신이 좋아하는 것을 찾는 것도 쉽지 않고, 그것을 찾아냈더라도 지속적으로 하는 것도 쉽지 않은데, 역시 현대 스타일, 실천력이 대단하다.

늘 시간이 부족한 삶의 궤도를 따라 움직여야 하는 우리 현대인들은 마음의 여유를 갖는 것도 쉽지 않다. 하지만 건강을 잃으면 모든 것을 잃기 마련인데, 그는 건강관리를 어떻게 할까?

이성철 원장의 부친은 매우 인상적인 건강관리를 하고 계신다. 부친께서는 20대에 건강 12원칙을 정해 놓고 60여 년간 아직까지 가능한 지키면서 생활하신다. 내가 "그것이 무엇인지 궁금하다"고 질문하니, "인터넷에 나와 있는 평범한 건강수칙"이라 한다. 핵심적인 것은 소식(小食)과 운동, 감사하는 마음이었다. 부친께서 늘 실천하는 건강수칙이 알게 모르게 자신에게도 젖어들었기에, 이성철 원장은 크게 아프거나 불편하지 않다고 한다. 그는 시간 여유가 있을 때 건강을 위해 자전거 타기를 즐기기도 한다.

주말이 되면, 땅과 흙의 기운을 몸과 마음으로 받아 자연 속에서 행복을 찾는다. 그는 "자연과 함께 있을 때 최고의 힐링이 된다"고 한다. 사람의 손길이 가는 만큼 싱싱하게 자라는 텃밭의 채소를 보며, 그는 지연의 위대함 앞에서 숙연해진다고. 공기, 햇볕, 물만으로도 자신의 의무에 충실한 나무와 풀들을 보면서 자연의 위대함을 깨닫는 것이다.

현대자동차 그룹의 인재양성을 책임지는 인재개발원의 이성철 원장, 그는 일과 휴식 두 개의 큰 기둥 아래에서 행복하게 살아간다. 일은 축제로, 휴식은 꿀같이 즐기면서 모두가 함께 행복해지는 세상을 꿈꾸고 있다.

섬광예지력

대니얼 버러스, 존 데이비드 만 지음 | 안진환, 박슬라 옮김 | 동아일보사

순식간에 발휘되는 미래에 대한 통찰력, 이전과는 전혀 다른 새로운 접근법을 취함으로써 숨겨진 기회를 발견하게 해주는 예지력을 이 책은 '섬광 예지력'이라 지칭한다. 기술 진보의 미래에 대한 세계 최고 수준의 예언가이자 비즈니스 전략가인 대니얼 버러스는, 지난 25년 동안 기술적 변화와 그것이 비즈니스에 미치는 직접적인 영향을 정확하게 예측함으로써 전 세계적인 명성을 쌓아왔다. 그리고 그 바탕에는 '섬광 예지력'이 있었다. 이 책은 섬광 예지력이 어떻게 수많은 직업과 비즈니스 그리고 개인의 삶 자체를 바꿔 놓을 수 있는지를 보여 주며 그 방법을 설명해 준다.

새로운 미래가 온다

다니엘 핑크 지음 | 김명철 옮김 | 정지훈 감수 | 한국경제신문사

지난 반세기 동안 서구사회는 정보와 지식이 세계 경제의 원동력이었던 정보화 시대였으며 이 시대의 중심인물은 좌뇌형 재능을 갖춘 지식근로자들이었다. 그런데 풍요가 확대되고, 기술이 진보하고, 각국의 경제가 더욱더 세계적으로 밀접히 연결되면서

'풍요, 아시아, 자동화'라는 세 가지 요소가 서로 결합해 개념과 감성이 강조되는 '하이콘셉트(high-concept) · 하이터치(high-touch) 시대'로 변화되고 있다. 이 책은 하이콘셉트 · 하이터치 시대에 필요한 6가지 조건으로 디자인(design), 스토리(story), 조화(symphony), 공감(empathy), 놀이(play), 의미(meaning)를 꼽고 있다. 이들 조건을 고루 갖추어야 좌뇌가 이끄는 이성적 능력을 보완할 수 있다는 것이다. 또한 새로운 시대가 요구하는 양쪽 뇌를 모두 활용하는 새로운 사고를 개발할 수 있고 미래사회도 그려볼 수 있다고 주장한다.

삼국지 (10권 세트)

나관중 지음 | 이문열 평역 | 민음사

동양인의 원초적 사고와 처세의 기본이 담겨 있는 책이다. 중국 한나라 멸망 후 펼쳐지는 무수히 많은 영웅호걸들의 쟁투와 죽음, 전쟁, 음모와 지략을 들려주고 있다. 유비, 관우, 장비의 도원결의부터 솥발처럼 셋으로 나누어진 촉, 오, 위 세 나라가 하나로 합쳐지기까지 조조, 손권, 제갈공명, 사마의, 조자룡 등 수많은 영웅호걸들이 펼치는 흥미진진한 역사적 내용을 풀어썼다.

독서는 경영의 베이스캠프

이원환

인지에이엠티
대표이사

위기의 회사, 텃밭 가꾸듯 되살리다

마당이 넓었다. 탁 트인 마당에 배추, 무, 채소들이 나란히 줄을 선 채, 정문을 들어서는 나에게 기다렸다는 듯이 수줍은 듯 환영인사를 건넸다. 종일 햇살을 받아서인지 초록 잎들이 싱그럽게 빛났다. 바람이 맑고 싱그러웠다. 넓은 마당 한쪽으로 차를 세우니, 마침 담당자가 환한 미소를 띠며 반겨 주었다. 인지에이엠티에 첫 강의를 오는 날이었다.

"찾기 힘들지는 않으셨어요?"

"처음 오는 길이라서 긴장하고 왔습니다. 정원이 참 아름답군요."

"저희 직원들이 분양받아서 가꾸는 텃밭입니다."

"아, 참 좋은 아이디어입니다. 텃밭이 정말 정겹군요."

담당자의 안내로 첫 인사를 하게 된 인지에이엠티 이원환 대표이사,

맑은 미소로 반겨 주셨다. 『책 속의 향기가 운명을 바꾼다』라는 내 책을 읽고 연락하게 되었다는 이야기로 인사를 나누었다.

참 신기했다. 대부분 기업의 독서경영 강의는 정규근무시간 내에 이루어진다. 이곳은 근무시간이 끝나고 저녁 6~8시까지 강의한다고 한다. 의외였다. 직원들이 가장 피곤하고 지치며 배고프고 집에 가고 싶은 시간, 마음이 콩밭에 가 있는 그런 시간에 강의를 한다고 하다니……. 내심 강의 분위기가 좋지 않을까 봐 걱정되었다.

강의가 시작되니, 내 예상은 물거품처럼 흩어지고 말았다. 모두들 표정이 한낮 햇살처럼 밝았다. 종일 업무에 시달린 흔적은 찾아볼 수 없었다. 잘 웃고, 피드백도 좋았다. 강의하는 나도 점점 기분이 좋아졌다.

강의장 안에는 좋은 에너지가 소리 없이 돌고 돌아 서로에게 좋은 파동으로 나누어졌다. 책 속의 향기로 웃고 즐기는 시간이었다.

시간이 지나고 인지에이엠티에 독서코디네이터를 양성하면서 이 회사는 긍정, 신뢰, 배려 등의 분위기로 가득하다는 것을 충분히 알 수 있었다. 영혼이 맑은 직원들이다. 참 따뜻한 회사다. 어떻게 해서 따뜻한 회사가 되었을까?

회사의 분위기는 CEO의 몫이다. 이원환 대표이사의 독서경영과 신뢰경영의 결과물임을 쉽게 알 수 있었다.

"인지의 독서경영은 사원을 채용할 때부터 시작됩니다. 관리직 사원

                                    CEO의 독서경영

은 예외 없이 대표이사가 최종 면접을 통해 결정합니다. 학벌보다는 무슨 일이든 해낼 수 있다는 자존감이 강한 인재를 우선 선발하고, 다음은 사람과의 소통 능력과 업무수행 능력을 점검합니다."

자존감이 강한 사람은 호기심과 내적 충만감이 강해 창조적이며 열정적이고, 생각을 숙성시켜 가슴으로 생각하는 사람들이다. 그리고 그 사람들은 십중팔구 책을 가까이하는 사람들이다.

"입사를 결정한 사람에게는 지금 읽고 있는 책에 대해, 과거에 읽은 책에 대해, 그리고 영향을 크게 받은 한 권의 책이 무엇이냐를 놓고 의견을 주고받습니다. 그렇게 입사 후에 책을 가까이할 수 있도록 마음속에 독서의 씨를 뿌립니다."

이원환 대표이사는 기계공학과 기업경영 MBA를 전공하고, 31년간 현대 그룹에서 산업기계 설계감리, 원자력발전소, 자동차 품질관리, SCM(공급체인관리), BPR(경영혁신) 기획조정, 연구개발, 경영개선 업무 등 주요보직을 두루 거쳤고, 현대차 그룹 감사실에서 퇴임한 후 6년 전 인지에이엠티㈜ 대표이사로 부임했다.

인지에이엠티는 주로 자동차용 경량소재부품을 전문적으로 생산하는 회사이다. 알루미늄과 마그네슘을 주원료로 자동차의 심장으로 일컬어지는 엔진 및 변속기 부품을 현대기아차와 GM 등의 국내외 시장으로 공급하고 있다. 특히 마그네슘 제품, 전기 및 하이브리드 친환경차 부품, 중대형 다이캐스팅 제품과, 무엇보다 소재 산업에서 핵심적인 금형개발

기술과 제품품질은 업계에서 확고한 경쟁우위를 유지하고 있다.

　다이어트를 원하는 사람이 넘치고 넘치는 것처럼 자동차 업계에서 차를 가볍게 만드는 것은 참 중요한 과제이다. 알루미늄의 무게는 철의 1/3, 마그네슘은 거의 1/4밖에 나가지 않는다! 자동차를 가볍게 만드는 것은 연비향상과 배기가스를 줄여 자동차의 성능을 향상시키는 최우선 과제가 되고 있으므로, 경량소재 분야 산업은 상당기간 뿌리산업으로 확대 발전해 갈 전망이다.

　그런데 이 대표이사가 처음 부임해 올 때는 전망이 밝지는 않았다. 오랜 부실 적자구조로 경영 정상화는 험난한 과제였다. 엎친 데 덮친 격으로 부임과 동시에 미국발 금융위기가 도래하여 최악의 상황으로 내몰렸다. 근검절약하고 정부지원 고용유지 교육을 받으면서 암담한 현실을 더 내려갈 수 없는 바닥으로 여겼다. 이제 올라갈 길밖에 없다는 무서운 결의로 사원들이 함께 뭉쳤다.

　간판을 새로 만들어 달고, 텅 빈 제품진열장을 채우며, 잡초가 우거진 마당은 포클레인으로 갈아 자갈을 골라내고 텃밭을 만들었다. 전 사원들에게 10~30평씩 분양하여 농작물을 심고 가꾸었다. 근무 시간 전에 출근해 가꾸거나 때로는 점심시간에, 주말에는 가족들이 와서 잡초를 뽑고 퇴비를 주며 상치, 쑥갓, 시금치, 고추, 토마토, 오이, 고구마, 당근, 토란, 땅콩 등 수십 가지의 야채와 농산물을 경쟁적으로 재배하였다.

　심고 가꾸는 정성만큼 자라 주는 농사일은 정직하다는 것을 모두 느

끼고 있었다.

그렇게 텃밭 가꾸기는 마음의 어려움을 덜어내는 탈출구가 되기도
했다.

사랑이 깊은 회사, 노사상생협력으로 꽃피운 대통령상

『열자(列子)』의 「탕문」 편에는 '우공이산(愚公移山)'이라는 말이 나온
다. 이 말은 '우공이 산을 옮긴다'는 뜻으로, 어떤 일이든 끊임없이 노
력하면 반드시 이루어낼 수 있다는 말이다.

북산에 우공이라는 아흔 살 된 노인이 살고 있었다. 그런데 노인의 집 앞에는 넓이가 칠백 리, 만 길 높이의 태행산과 왕옥산이 가로막고 있어 생활하는 데 무척 불편했다.

그러던 어느 날 노인은 가족들에게 말했다.

"우리 가족이 힘을 합쳐 두 산을 옮겼으면 한다. 그러면 길이 넓어져 다니기에 편리할 것이다."

당연히 가족들은 반대했다. 그러나 노인은 자신의 뜻을 굽히지 않았고, 다음 날부터 작업을 시작하였다. 우공과 아들, 손자는 지게에 흙을 지고 발해 바다에 갔다 버리고 돌아왔는데, 꼬박 1년이 걸렸다. 이 모습을 본 이웃 사람이 "당신은 나이가 많아서 얼마 안 있으면 죽을 것인데 어찌 그런 무모한 짓을 합니까?" 하고 비웃었다.

그러자 노인은 "내가 죽으면 내 아들, 그가 죽으면 손자가 할 것이오. 그동안 산은 깎여 나가겠지만 더 높아지지는 않을 테니 언젠가는 길이 날 것이오"라고 하였다.

두 산을 지키던 산신이 이 말을 듣고는 큰일 났다고 여겨 즉시 상제에게 달려가 산을 구해달라고 호소했다. 이 말을 들은 상제는 두 산을 각각 멀리 삭 땅 동쪽과 옹 땅 남쪽으로 옮기도록 하였다.

그렇다. 어떤 일이든 포기하지 않고 끝까지 노력하면 이루어낼 수 있다. 불가능하다고 고민할 시간에 쉬지 않고 일하면 원하는 바를 이룰 수 있지 않을까?

이원환 대표이사는 현대 그룹 생활 31년 동안 '어떤 일이든지 불가능은 없다'는 정주영 회장의 DNA를 물려받은 것 같았다. '모든 일은 가능하다고 생각하는 사람만 해낼 수 있다'는 신념으로 일관되게 무장되어 있었다.

당시 이 대표이사가 전 직원들에게 교육하고 주장하던 내용들은 모두 허황된 이야기로 들릴 수도 있었다. 사원들은 지난 수년 동안 매년 경영진이 바뀌어 쉽사리 이 대표이사의 주장을 믿으려 들지 않았지만, 호응도가 높아지면서 뜬구름 같은 이야기는 차츰 현실이 되어갔다.

그래도 여전히 많은 사원들이 힘든 일에 지쳐서 회사를 떠났고, 적자의 터널은 벗어나기 힘겨워 보였다. 하지만 이 대표이사는 산을 옮기려 한 우공처럼 포기하지 않았다. 경영방침을 '신뢰와 존중, 주도적 실천'으로 정하고 사우돕기 바자회, 사회봉사 활동을 통해 회사는 함께 나누며 배려하는 분위기로 바뀌면서 부서 간의 벽이 낮아지기 시작했다.

한편 새로운 인사제도, 멘토링, 코칭, 주니어보드, 독서활동 등으로 학습조직화 되면서 조직적인 안정감이 생기고, 무엇보다 머리를 맞대고 방법을 찾고 연구하며 도전하는 분위기가 만들어지기 시작했다.
더불어 공급처인 현대기아차가 글로벌 TOP 5로 약진하여 성장의 순풍에도 동승했다. 무엇보다도 함께 배우고 지혜를 모으는 '더불어 문화'가 회사를 살려내기 시작했다.

기술적으로 가장 어려운 제품에 전 사원의 노력이 집중되었고, 경쟁사와 대비하여 생산성 및 품질에서 탁월한 경쟁력을 만들어내기 시작했다. 아울러 회사매출이 크게 증가하고 동반성장의 물결을 함께 탈 수 있었다.

　드디어 인수 후 오랜만인 2011년에 처음으로 확고한 흑자기조로 전환이 되었다. 지극히 평범한 사람들이 힘을 합쳐 노력한 결과가 어떠한 것인가를 입증하는 순간이었다. 함께 이루어낸 성과에 서로 자축하며 자부심이 살아나는 분위기가 만들어졌다.

　아울러 정부로부터 인적자원우수기관, 노사문화우수기업, 일터혁신기업대상 수상을 비롯해 많은 특허와 신기술을 인증받았고, 2013년 12월 20일 노사상생협력부문 대통령상을 수상하기에 이르렀다.

가슴에 박힌 『예언자』의 감동, 아직도 심장을 뛰게 해

"독서 습관은 닥쳐올 인생의 여러 가지 불행으로부터 당신의 몸을 보호하는 하나의 피난처가 되기도 한다."
-서머셋 모옴

　이원환 대표이사는 책갈피에서 뽑아 올린 지혜로 회사를 경영하는 힘이 있었다. 그의 상상력 수첩에는 책 속의 문장들로 가득했다. 책을 읽다가 전율을 느끼게 하는 문장을 만나면 기억 속에서 지워질까 봐 곧바로 메모하는 습관이 생겼다.

　역시 메모광이었다. 그는 시를 좋아하고, 자연을 닮은 책을 좋아한다. 자연의 섭리만큼 훌륭한 진리는 없다는 것이 그의 확고한 믿음이었다.

청춘의 가슴을 뛰게 하고 거의 40년 동안 잊히지 않는 책이라며 칼릴 지브란의 『예언자』를 소개했다. 1976년에 읽었을 때 심장을 두근거리게 했던 책이었고, 감성의 샘을 채워 주는 책이다.

이 대표이사는 이 책을 백 번도 더 읽었고 주위 사람들에게 수백 권이나 선물했다. 20여 종류의 번역서가 있지만 그는 강은교 시인의 감성 어린 번역본을 가장 선호한다.

이 책은 사람이 살아가면서 부딪히는 사랑, 우정, 결혼, 아이, 선과 악, 이성과 열정, 시간, 만남과 헤어짐 등 근본적인 주제들에 대해 판단하도록 한다.

『예언자』는 숲속을 거닐며 느낄 수 있는 편안함을 주고, 읽을수록 놀라운 깨달음을 준다.

"무엇보다도 양면성을 갖고 있는 개념들을 균형 있게 생각하면서 삶의 중심을 응시할 수 있게 합니다. 산업사회의 성과를 중시하는 논리 세계에서 바람직한 삶의 문제들을 균형 있게 이해하게 했습니다."

당시에 함께 읽었던 헤르만 헤세의 『골드문트와 나르시스』(『지와 사랑』으로 소개됨)는 큰 충격을 주었다. 이를 계기로 지극히 내성적이라 생각했던 자신의 마음속에 이성보다 강한 열정이 숨어 있음을 발견하게 되었다.

그 책을 통해 이성이 열정을 이끌어야 할지, 열정이 이성을 이끄는 삶이 되어야 할지 분명하게 답을 얻었다. 결과에 관계없이 내 의지로 선택할 수 있다는 것이 기쁜 일이요, 하고 싶은 일들을 적극 실천할 때 즐거움이 따라온다는 것도 깨닫게 되었다고.

그래서 좋아하는 것을 적극 실행하면서 산다는 결심을 하게 되었다.

그가 20대 초반에 읽었던 또 하나의 책은 노만 빈센트 필 박사의 『적극적인 사고방식』이다. 긍정적인 생각은 마음의 평화와 건강, 삶의 활력을 누리며 살아가는 방법을 일깨워 주었고, 어려움을 겪을 때마다 그를 도와주는 친구가 되어 주었다. 이 책을 통해 아무리 바람이 불어도 꺼지지 않는 '긍정'이라는 촛불 하나를 가슴에 켜게 된 것이다.

그리고 이 책을 접하고 나서부터 수많은 자기계발서들을 적극적으로 보게 되었다.

그는 소득의 3% 이상을 책을 산다는 것에 원칙을 세우고 지금까지 실천하고 있다. 그가 이렇게 책을 가까이하게 된 데에는 특별한 계기가 있었다. 20대 후반에 광화문 새문안교회에서 매주 토요일에 8면의 청년주보를 발간하는 일을 맡았다. 금요일까지 약속된 원고가 안 들어오면 온갖 글들로 대신 지면을 채워야 했다. 전국적으로 주보를 받아 보는 분들의 수준이 높아서 내용이 부실해지면 큰 비판을 받기 일쑤라, 접수 원고가 부족한 금요일 밤에는 광화문의 중앙도서전시관이나 종로서적에서 시간을 보냈다.

그 시절에는 신간들이 많지 않아서 얼마 뒤에는 두 서점의 사회과학 분야 책들의 제목과 내용들을 파악할 정도가 되었다. 주머니 사정으로 책을 많이 살 수 없으니 대강 읽은 목차와 프롤로그와 후기 등 대강의 요점들을 메모하여 그럴듯하게 쓰려니 고생이 말이 아니었다. 그 과정에서 극심한 스트레스로 신경성 위염에 걸려 오랜 기간 많은 고생을 했다고.

돌이켜보면 그런 시기 덕분에 지금까지도 책을 사랑하고, 책을 통해 타인의 세계를 이해하려 애쓰고, 좀 더 의욕적이고 감수성 있게 독서하는 습관이 몸에 베이게 되었다.

독서는 히말라야 최고봉 등반을 위한 베이스캠프

그렇게 습관이 된 책 읽기는 인지에이엠티 대표이사를 맡고 나서 더 큰 결실을 거두게 했다. 시간은 없고, 해결해야 할 과제는 지천으로 밀려 있고, 숨 쉬는 시간마저도 부족할 만큼 빡빡한 회사 환경이었다.

구성원들과 한마음이 되기 위한 도구는 과연 무엇인가? 열심히 하자, 최선을 다하자는 말이 무슨 소용이겠는가? 어려움 속에서도 놓지 않은 것이 책이었다. CEO가 강요하면 잔소리가 되지만 책을 읽으며 스스로 느끼면 소중한 지혜가 되리라 여기며, 좋은 책을 만나면 간부사원에게 나누어 주며 마음을 새롭게 하고 호기심을 높였다.

인지에이엠티의 2016년 중장기 로드맵은 히말라야 최고봉을 등반하는 등반가처럼 최고의 내공을 키우는 것이다.

히말라야를 등반하기 위해서는 수많은 등산장비와 먹을 것을 준비해야 하고 셀파와 기상예측 전문가들의 도움을 받아야 목적지에 도달할 수 있듯이, 이해관계자들과 전 사원들의 조건 없는 지원을 받으며 뛰어난 정신력으로 무장한 정상조들이 있어야 한다.

　그는 등산장비를 꼼꼼히 준비하는 등반가처럼 인재혁신 그룹을 만들었다. 모든 혁신의 바탕에는 단연 독서가 있다. 독서는 베이스캠프와 같다. 특별히 한국독서경영연구원의 독서리더 양성 프로그램을 도입했고, 지속적으로 독서경영을 이어갈 것이다.

　지난해 독서코디네이터 양성을 하면서, 인지에이엠티 직원들은 열정이 많다는 것을 새삼 느낄 수 있었다. 무엇보다도 서로에 대한 배려, 따뜻한 마음을 나누는 정겨운 사람들이다.

　모든 과정이 끝나고 수료식을 한 후 그동안 프로그램에 열심히 참여한 사람에게 MVP상, 독서천재상, 독서챔피언상을 수상했다. 투표로 결정을 했는데, 압도적인 지지를 받은 MVP 수상자는 회사 내에 한 사람도 거부감이 없는 인기맨이었다. 모두가 함께 일하고 싶은 1순위라는 말에 멋진 인품의 주인공임을 알 수 있었다.

　수상자를 축하하며 축제 같은 분위기로 강의는 마무리되었다. 언제 준비했는지 강사인 나에게도 현장 강의 사진이 인쇄된 감사패를 주셨다.
　가파르고 힘든 히말라야 최고봉을 향해 올라가는 그들에게 독서불씨가 특별영양분이 되었으면 좋겠다.

　"2013년은 신뢰와 존중, 주도적 실천 정신과 연구하고 학습하는 기업문화로 베이스캠프에 도착하였고, 리더십과 전략 및 물적 자원들을 꼼꼼하게 점검하고 있습니다. 2014년은 창조와 혁신의 마음으로 새롭게 도전하는 해입니다."

　　　　　　　　　　　　　　　　　　　CEO의 독서경영

"수익중심의 내실경영, 고객지향의 신속실행, 글로벌 경영기반 구축, 창조혁신의 마음으로 재무장해야 합니다. 2015년은 글로벌 스탠더드 경영기반이 만들어지는 캠프#3까지 전진하는 해입니다. 제품의 국제경쟁력, 업무방식의 합리성, 공정하고 투명한 기업문화가 갖추어져야 합니다. 2016년은 기업공개를 통해 5천억 우량 중견기업으로 목적지인 정상에 도달할 겁니다. 무차입경영과 5-STAR 품질, 가족친화적 후생복지, 사회에 공헌하는 기업으로 태어나는 것입니다."

이 대표이사는 한국의 자동차 부품산업과 인지에이엠티의 전망은 밝다고 전망했다. 현대기아자동차의 약진과 궤를 함께하며 성장했고 2014년도 낙관하고 있다. 한국이 일본, 독일, 미국, 프랑스 등의 선진국들과 당당하게 세계 시장에서 경쟁하고 있으며, 향후 중국이 뒤쫓아 오기까지 약 5년 동안은 여전히 한국 기업들이 경쟁우위를 유지할 것이다.

"히말라야 최고봉에 가기 위해 건강관리는 어떻게 하나요?"

"제 건강생활의 키워드는 운동, 영양, 휴식입니다. 주 3일 이상은 헬스와 요가를 합니다. 일로 기회를 놓치면 등산과 반신욕이나 108배를 합니다. 12년 전에 31년간 피우던 담배를 끊고 달리기를 시작하여 풀코스 이상의 마라톤을 9번 완주하였습니다. 마라톤은 참 좋은 명상입니다. 인내심을

기르고 한계를 극복할 수 있으니 최고의 운동입니다. 그리고 골프는 자연과 더불어 편안한 마음으로 좋은 인격들과 만날 수 있고, 자기통제와 도전의 정신이 깃들어 있는 스포츠라 적성에 잘 맞습니다."

실내악, 뮤지컬, 재즈, 회화 및 창작 전시회 참관은 내면의 공간을 넓혀주어 좋다는 그는 밤 11시 전 잠자리에 들고 아침 6시 전에 일어난다.

사회에 공헌하는 삶이 되어야겠다는 것이 삶의 철학이다. 히말라야 정상에 승리의 깃발을 꽂는 날이 반드시 올 것을 믿어 의심치 않는다.

예언자

칼릴 지브란 지음 | 강은교 옮김 | 문예출판사

꽁꽁 닫힌 현대인의 마음 문을 열게 하는 책이다. 『예언자』는 법정 스님이 마지막까지 소중하게 머리 맡에 남겨둔 책인데, 영혼의 성장을 이끌어 주는 현대의 고전으로 『성경』과 함께 20세기에 가장 많이 팔린 책이기도 하다. 이 책은 한국의 대표 시인 가운데 한 사람으로 활발하게 활동하고 있는 강은교가 옮긴 책이다. 영혼을 두드리는 성찰의 글들을 깊은 이해와 사색을 통해 감칠맛 나는 우리말로 풀어내고 있다.

프레임

최인철 지음 | 21세기북스

어렸을 때는 어른이 되면 인생의 깊이를 깨닫게 되고 자연스럽게 다른 사람에게도 판내해지고 지혜로워질 것이라고 생각한다. 그러나 지금 당신의 모습을 어떠한가? 그때보다 몸이 커지고 지식이 많아진 것 말고 정신적인 면에서 큰 성장이 있었는가? 지금이라도 늦지 않았다. 보는 방식을 조금만 바꾸면 마음과 정신을 다잡아 후회 없는 인생을 살 수 있다.

이 책은 서울대 심리학과 최인철 교수가 들려주는 지혜롭게 사는 법이 수록되어 있다. 심리학에서 '세상을 바라보는 마음의 창'을 의미하는 '프레임'을 어떤 문제를 바라보는 관점, 세상을 관조하는 사고방식, 세상에 대한 비유, 사람들에 대한 고정관념 등으로 해석하며 '자신의 한계를 깨는 마음 경영법'을 이야기한다.

공감의 시대

제레미 리프킨 지음 | 이경남 옮김 | 민음사

위기의 시대에 필요한 새로운 패러다임을 제시하는 책이다. 저자는 20세기가 석유라는 에너지를 기반으로 소수에게 부가 집중되는 경제 체제였다면, 지금 세계는 오픈소스와 협력이 이끄는 3차 산업혁명의 시대로 접어들었다고 말한다. 또한, 다윈의 적자생존이 아닌 공감하는 인간이 새로운 패러다임으로  떠오르고 있다며, 경제사에 '공감'이라는 새로운 화두를 제시해 보다 새롭고 풍부한 해석을 들려준다.

저자는 고대 신화적 의식의 시대로부터 기독교 문명의 발흥, 그리고 18세기 계몽주의 및 19세기 이데올로기의 시대와 20세기 심리학 시대에 이르기까지의 긴 여정에서 인간의 공감이 어떻게 계발돼 왔는지를 알기 쉽게 들려준다. 문학, 예술, 신학, 철학, 인류학, 사회학, 정치학, 심리학, 소통이론 등 광범위한 분야에서 새롭고 풍부한 해석을 내놓고 있다.

몸도 튼튼 마음도 튼튼, 사이클 독서법

이창욱

서울대 AIP
독서클럽 회장,
(주)멀티웨이브
대표이사

아름다운 인생을 그려나가는 멀티웨이브

서울 서초동에 있는 멀티웨이브는 내비게이션·PMP 등의 소프트웨어와 반도체 등을 개발하고 유통하는 회사이다. 해마다 고속성장하고 있는 유망기업인 멀티웨이브의 이창욱 대표이사는 대학생 때부터 반도체 영업 일에 관심이 많았다. 기계공학을 전공했으나 전자 회사에 관심이 많아 1982년 금성사(현재의 LG)에 입사하게 되었고, 이후 외국계 반도체 회사(Fairchild, Texas Instrument, C&T)에서 근무한 후 1993년 멀티웨이브를 창업했다.

멀티웨이브 이창욱 대표이사는 몇 해 전부터 나와 인연을 맺어오고 있다. 나는 우리나라의 CEO들에게 독서경영의 씨앗을 심어 주고자 서울대 AIP 독서클럽을 만들고 싶었다. 이 모임을 만들기 위해 당시 농심 회장이었던 손욱 회장을 찾아갔을 때는 칼바람이 몰아치는 추운 겨울이었다. 농심 회장실의 문을 두드릴 때만 해도 과연 독서클럽을 만들 수 있을까 확신할 수 없어서 발걸음이 무겁기만 했다. 그러나 회장실에 들어가는 순간 그 우려가 눈 녹듯 사라졌다. 손욱 회장은 따뜻한 미소로 필자를 맞아 주었고, 회장실 벽면 가득한 형형색색의 책들도 함께 반겨 주었다.

"내가 인생을 안 것은 사람과 접촉했기 때문이 아니라 책과 접촉했기 때문이다."
-아나톨 프랑스

책 이야기가 서로의 가슴에 탁구공처럼 왔다 갔다 했고, 우리는 금세 하나가 되었다. 좋은 사람들이 함께 모여 독서클럽을 운영하고 싶다고 말씀드리며 '서울대 AIP 독서클럽 제안서'를 보여 드렸더니, "참 좋은 아이디어"라고 말씀하시면서 응원의 말씀을 건네주셨다.

그로부터 6개월이 지났다. 뜻을 함께할 동지를 찾았다. 바로 독서광으로 유명한 멀티웨이브 이창욱 대표이사를 만난 것이다. 그는 기꺼이 독서클럽을 만들어나가는 데 앞장서 주었다. 그러자 서울대 AIP 독서클럽에는 책을 좋아하는 벗들이 한 분 한 분 모여들기 시작했다.

회원을 많이 영입하는 것보다는 순수하게 책을 좋아하는 CEO들이 모이는 것이 중요하다는 생각으로 첫출발이 시작되었다. 이창욱 대표이사는 이제 서울대 AIP 독서클럽 회장으로 활동하고 있다. 그리고 그가 이끄는 기업인 멀티웨이브는 어느덧 탄탄한 중소기업으로 성장했다.

처음 3명으로 출발한 멀티웨이브는 지금은 어엿한 중소기업이 되었는데, 창립멤버들이 현재까지 모두 남아 회사의 발전을 위해 불철

주야 노력하고 있다. 이 회사의 사명은 'I can, I do, Try again until success!'인데, 우리말로는 '자신감, 실행, 성공할 때까지 도전!'이다. 멀티웨이브 사람들은 글로벌 시장에서 경쟁력 있는 제품으로 한판승부를 펼치기 위해 구슬땀을 흘리고 있으며, 이에 대한 결실은 2014년 중반쯤 거둘 것이다.

그런데 멀티웨이브의 모든 사람들은 화가이다. 이 회사의 이창욱 대표이사는 '사람은 누구나 태어나서 죽을 때까지 각자 인생의 그림을 그려가고 있다'고 생각한다. 그러나 화려한 색만 있다고 해서 아름다운 그림이 저절로 탄생할까? 그림을 더 아름답게 표현하려면 고운 색깔과 곱지 않은 색깔이 함께 어우러져야 하고, 그리고 그 어우러짐이 적절하게 조화를 이룰 때 진정으로 아름다운 그림이 탄생한다. 이와 마찬가지로 멀티웨이브 임직원들의 면면을 들여다보면 화려한 학력과 경력을 가지고 있지 못한 사람들도 많지만 모두가 각자의 색깔을 가지고 있다. 빨강, 파랑, 노랑, 밝은 색, 어두운 색 등 멀티웨이브는 각각의 색깔들이 잘 어우러져 조화를 이루기 위해 날마다 그림을 그려가고 있다.

이처럼 각자의 색이 어울려 전체의 그림을 그려나가는 기업 문화는 위기에서 빛을 발할 수 있었다. 창업 후 2년째 되던 1995년, 멀티웨이브는 서둘러 제품을 만들어 시장에 내놓겠다는 욕심으로 회사에 위기가 찾아왔다. 이제껏 공들여 그려온 그림이 장대비에 온통 얼룩질 위기에 처하게 되었지만 모든 임직원들이 자신의 자리에서 붓을 놓지 않았다. 멀티웨이브 사람들은 더욱더 열심히 자신의 색채를 발하면서 1년 반 만에 위기를 극복하고 재도약할 수 있었다. 멀티웨이브는 아름답고 멋진 그림을 그리면서 꿈과 희망을 이룰 수 있는 행복한 놀이터인 것이다.

업무 관련 서류 대신 책으로 가득한 사무실

대개 회사의 사무실에는 업무에 필요한 전문기술 서적이나 업무 관련 서류, 자재들이 들어차 있다. 하지만 멀티웨이브의 사무실에는 교양과 지식을 쌓을 수 있는 책들로 가득하다. 이곳 사무실에는 서재가 자리하고 있다. 경제경영서·자기계발서·인문사회과학서 등 2천여 권의 책들로 가득하다. 왜 그런 것일까?

"만 권의 책을 읽었지만, 여전히 내 몸은 서럽기만 하다."
-괴테

   CEO의 독서경영

멀티웨이브는 책 많이 읽기로 소문난 기업이다. 이 회사의 직원들은 1년 평균 150여 권에 이르는 책을 읽는다. 그런데 이처럼 책을 많이 읽는 회사가 된 것은 이 회사의 이창욱 대표이사의 독서경영 때문이었다. 직원들은 읽고 싶은 책을 관리부에 신청하면 금액에 제한 없이 회사가 모두 구입해 준다. 금요일 혹은 토요일에 퇴근할 때에는 직원들의 손에는 2~3권의 책이 들려 있다. 주말 동안 읽기 위해 빌려가는 것이다.

이창욱 대표이사는 평소 직원들에게 "외근이나 출장을 갈 때도, 출퇴근을 할 때도, 단 한 장을 읽더라도 가방에 책을 꼭 갖고 다녀라"고 입버릇처럼 말한다. 좋은 습관은 어느 한순간에 길러지지 않는 법이다. 그는 독서습관이 2~3년간 계속되어야 몸에 체득될 수 있고, 책의 지식이 입·손·발로 우러나오게 된다고 생각했다. 그래서 그는 임직원들에게 독서습관을 생활화하도록 권장했다.

물론 처음부터 그랬던 것은 아니다. 회사의 특성상 멀티웨이브 사람들은 기술과 마케팅 업무를 함께 수행해야 하지만 직원 대부분이 공학을 전공한 기술자 출신이어서 대외 영업과 대인관계 능력이 취약했다. 이를 보완하기 위해 이창욱 대표이사는 마케팅·커뮤니케이션과 관련된 핵심직무능력 교육프로그램에 직원들을 참가시켰다. 직원들이 한참 일해야 할 시간에 교육을 받느라 업무가 더뎌졌지만 이를 감내하면서 3년 동안 계속했다. 그 결과 기술에만 집착하던 직원들이 마케팅과 고객서비스, 업무효율성 등까지 총체적으로 고려하게 되었다. 나무가 아닌 숲을 볼 줄 아는 넓은 혜안을 기르게 된 것이다.

멀티웨이브는 회의실 분위기도 차츰 바뀌게 되었다. 상명하복식 회의는 지위고하를 막론하고 서로의 아이디어를 주고받는 대화의 장으로 변했다. 멀티웨이브 사람들은 고객이나 동료와 대화를 나누면서 자신의 부족한 점을 깨닫게 되었고, 이를 채우려고 자연스레 책을 읽기 시작했다. 그렇게 읽은 책이 한 권 한 권 쌓이자 이들은 전혀 다른 사람들이 되어갔다. 당연히 회사도 달라질 수 있었다.

해마다 탄탄해지는 독서근육

몸이 건강해야 정신도 건강한 법이다. 이창욱 대표이사는 시간이 날 때마다 운동을 많이 한다. 그러나 운동하는 시간이 아까워서, 운동하면서도 책을 읽는 수 있는 사이클 독서법을 개발했다. 이는 사이클을 타면서 계기판 위에 책을 올려놓고 책을 읽으면서 운동을 하는 것이다.

물론 처음에는 주위가 산만하고 집중이 안 되었다. 운동도 안 되고 독서도 안 되는 것 같았다. 그러나 3~5개월이 지나자 주위가 아무리 시끄럽더라도 독서에 집중할 수 있었다. 사이클에서 내려오면 땀도 흠뻑 흘리고 책 속의 지식이 쌓일 수 있었다. 이것이야말로 일거양득의 효과를 거둘 수 있으니, 그는 사람들에게 사이클 독서법을 적극 추천하기 시작했다.

이창욱 대표이사는 '아침형 인간'이기도 하다. 그는 오후 11시에 잠자리에 들고 새벽 4시에 일어난다. 일어나자마자 부인이 정성껏 만들어 준 각종 채소와 과일이 들어간 영양만점 주스를 마신 후 『천수경(千

　　　　　　　　　　　　　　　　　　　CEO의 독서경영

手經)』을 읽는다. '천수경'은 '무한한 손과 눈을 가지신 관세음보살이 넓고 크며 걸림 없는 대자비심을 간직한 큰 다라니에 관해 설법한 말씀'이라는 뜻이다. 이 경전은 관세음보살이 부처에게 청하여 허락을 받고 설법한 경전이다. 오늘날 일반 신자들에게 가장 많이 독송되는 경전 중의 하나이다. 그는 이 경전을 약 15분 정도 읽으면서 마음을 가다듬고 '오늘도 회사와 가정에 행복이 가득하기를' 마음속으로 기도한다.

이후 약 1시간 정도 운동한 후 회사에 6시 40분쯤 출근한다. 그는 보통 오전 9시까지 업무를 모두 마치고 이후 손님들을 만나기 위해 외출한다. CEO들이 대개 그렇듯 그 역시 날마다 만나야 할 사람들이 많은 것이다.

몇 해 전에 페라지와 라즈가 쓴 『혼자 밥 먹지 마라』라는 책이 국내에도 소개되어 베스트셀러가 된 바 있다. 이창욱 대표이사는 직원들에게 입버릇처럼 하는 말이 있는데, 그 말은 바로 "점심은 절대 혼자 먹지 말고 거래처 또는 지인들과 함께하라"이다. 그리고 그는 사람들과 식사 자리에서 딱딱한 업무 얘기보다는 책 이야기를 즐겨 하는 편이다. 책 이야기를 하다 보면 자연스레 서먹서먹한 분위기를 없앨 수 있고, 업무 얘기도 수월하게 나눌 수 있기 때문이다.

현재 멀티웨이브의 회사 책장에는 약 2천 권의 책이 있다. 사실 이보다 더 많은 책들이 있어야 하는데, 1년에 한 번씩 책장을 정리해 외부에 기부하기 때문에 2천 권의 책들만 자리를 차지하고 있는 것이다. 책장에 자리 잡은 책들은 직원들 한 사람 한 사람의 손때가 묻은 책들이다. 읽고 난 책은 각자가 정리해 회사 홈페이지에 독후감을 올려놓고 있다. 물론 독후감은 강제로 올리는 것이 아니다. 어디까지나 자발적으로 올리고 있는 것이다.

멀티웨이브 사람들은 처음에는 자기계발서 위주로 읽다가 경영학, 세계 경제 관련서, 대륙별로 이슈가 되는 분야의 책 등을 읽었다. 그러다 최근에는 인문학과 고전을 주로 읽고 있다. 인문경영의 중요성이 갈수록 커지고 있는 만큼 인문학과 고전에 많은 해답이 있다고 생각하기 때문이다. 그래서 멀티웨이브 사람들은 당분간 이 분야의 독서에 치중할 계획이다. 그러나 편식하는 독서는 절대 옳지 않다고 생각하는 이창욱 대표이사는 다양한 분야의 책을 그때그때 마음 가는 대로 읽을 것을 권하고 있다.

멀티웨이브 사람들은 업무가 특별히 바쁘지 않으면 토요일에 자발적으로 회사에 출근해 독서토론을 하고 있으며, 회사는 이런 직원들에게 각종 혜택(럭셔리 점심, 상품권, 가족 식사권 등)을 제공하고 있다. 책을 많이 읽으면 그만큼 지혜가 느는 법이다. 4년 전부터 시작한 독서경영으로 멀티웨이브 직원들의 소양은 날로 향상되어 지금은 어느 회사의 직원들과 토론해도 뒤처지지 않게 되었다.

이 대표이사는 "독서경영은 이 시대 최고의 화두"라고 말한다. 경영자라면 한 번쯤 독서를 경영과 접목해야 회사와 최고경영자 모두 한 단계 도약할 수 있다고 생각한다. 그리고 무엇보다도 리더의 자리에 있는 사람들이 먼저 실천하고 변화해야 독서경영이 가능하다고 믿는다. 그는 이 책을 읽는 사람들에게 "더 늦기 전에 독서경영을 실천해 급변하고 치열한 글로벌 경제에서 살아남을 수 있는 길을 찾아라"고 당부한다. "강한 자가 살아남는 것이 아니라 살아남는 자가 강한 자이고, 살아남는 자가 되기 위해서는 독서경영이 필요하다"고 생각하는 것이다.

책을 통해 자신의 보폭과 속력을 늘려

멀티웨이브 이창욱 대표이사는 경제는 늘 그랬듯이 회복될 것이라고 확신한다. 유럽발 악재 등으로 조금은 지연되겠지만 반드시 회복될 것이라고 생각한다. 그는 경기가 좋아지려면 앞으로 2~3년은 걸릴 것으로 내다보는데, 이 기간 동안 어떻게 준비하느냐에 따라 기업의 미래가 달라질 수 있다고 본다. 그는 불황 뒤에 호황이 오듯 위기 뒤에 기회가 온다는 것을 알고 있는 것이다. 지금 전 세계적인 불경기로 기업을 경영하기 어렵지만 투자하고 기획하여 다가올 기회를 잡을 수 있도록 혼신의 노력을 다하고 있다. 이창욱 대표이사는 향후 글로벌 시장을 주도할 로봇 산업과 3D 프린팅 산업에 많은 관심을 가지고 있다. 현재에 안주하지 않고 미래에 대비하고 있는 것이다.

『10년 후 일의 미래』는 서울대 AIP 독서클럽에서 함께 토론한 책이다. 과연 10년 후 미래에는 어떤 일이 벌어질까? 마음을 읽어내는 컴퓨터가 등장한다는 것, 기술과 인간이 소통하는 시대가 온다. 개인맞춤형 의료기술은 선택이 아니라 필수, 이메일로 백신을 전송하면 아프리카나 오지에서도 치료를 할 수 있는 나노 프린팅으로 모든 암을 치료할 수 있다는 것 등에 크게 공감했다.

임시직, 계약직 등이 50% 이상으로 정규직-계약직-임시직의 삼엽조직, 세 개의 나뭇잎이란 삼엽 조직으로, 기업의 경비절감이 많이 될 것이다.

무인 자동차의 등장으로 나빠진 시력, 과도한 업무, 졸음운전, 음주운전 등을 해결할 수 있고, 교통사고도 90% 줄일 수 있으니 참 좋은 세상이다.

10년 후 업계지도는 '소비자와 생산자의 융합'이 이루어지고 공학과 인간의 융합, 정보와 인간의 융합, 컴퓨터와 인간의 융합이 이루어진다. 친구도 로봇, 비서도 로봇, 로봇의 시대에 어떻게 준비할 것인가? 이렇듯 늘 미래에 대한 감각을 잃지 않으려 애쓴다.

"남의 책을 읽는 데 시간을 들여라. 남이 애써서 얻은 것으로 자기 자

그는 현재보다는 미래 지향적인 인재를 선호하고 있다. 비록 모자라게 출발했지만 늘 자기계발을 하려는 사람을 아끼는 것이다. 그는 대기업은 기반 시설을 잘 갖추고 있어 그저 들어가서 준비된 프로그램만 소화해도 글로벌 인재가 될 수 있겠지만, 중소기업은 그럴 만한 여건이 갖춰지지 않았기에 개개인의 노력이 절대적으로 필요하다고 생각한다. 출발은 늦지만 결승선에서 웃으려면, 늘 책을 가까이하고 자신의 부족함을 채우려는 자세를 가지고 있어야 한다. 책을 통해 자신의 보폭과 속력을 늘려나가는 인재, 그런 사람을 선호하는 것이다.

나는 몇 년 전 멀티웨이브 직원들에게 강의를 했었다. 우수한 인재들의 피드백과 질문에서 그들의 독서열정이 묻어났다. 스마트한 생각, 스마트한 행동, 스마트한 회사다.

서울대 AIP 독서클럽은 매월 CEO들이 모여서 책 2권을 놓고 토론하고 아이디어를 나눈다. 같은 책을 읽고 서로 생각을 나누고, 아이디어를 나누는 시간이 6년째 이어지고 있다. 경영을 하면서 어려웠던 일들을 서로 이야기하고, 서로의 고충과 경영의 방향, 미래 예측도 해 보는 시간이다. 그 중심에는 이창욱 대표이사가 있다. 그는 창립 때부터 거의 매월 빠지지 않고 참석한다. 그는 토론하기 전에 저녁식사하면서 웃음꽃을 피워내는 유머의 달인이기도 하다.

덕분에 독서클럽 회원들에게는 배꼽이 날아가는 듯한 큰 웃음, 마음을 나누는 웃음꽃이 최고의 반찬이다.

톡톡 튀는 유머 코드와 특유의 유머 애드리브는 어디서 온 것일까? 수많은 책들을 읽은 결과 자유로운 어휘선택이 무의식적으로 나오는 것이다. 회원들에게는 단연 최고의 인기다. 하루 피로를 쏴~아~ 씻어주는 유머 한 방에 모두들 웃음꽃을 피운다. 덕분에 나도 유머가 많이 늘었다.

독서경영을 처음 서울에서 시작할 때 'CEO를 위한 비즈니스 독서경영'이란 주제로 신라호텔에서 세미나를 했다. 그 교육과정에서 이창욱 대표이사의 평소 독서내공이 만만치 않다는 것이 책을 통한 자신의 비전 발표에서 그대로 묻어났다. 어찌 독서내공이 하루아침에 이루어지겠는가. 가정에서, 회사에서, 독서클럽에서, 그의 독서불꽃은 함께하는 모든 사람에게 뜨겁게 전염되고 있다.

마케팅 불변의 법칙

알 리스, 잭 트라우트 지음 | 이수정 옮김 | 정지혜 감수 | 비즈니스맵

지난 수십 년의 마케팅 역사를 살펴보며 마케팅 과정에서 흔히 작용하는 잘못된 통념과 오해를 거침없이 밝힌 책이다. 이 책의 저자 알 리스와 잭 트라우트는 마케팅 세상을 지배하고 있는 확고부동한 법칙을 규명한다. 시장의 성공과 실패는 마케팅에 들인 노력과 비용, 우연한 행운 등의 요인이 아니라 오직 이 절대법칙에 의해서만 좌우된다. 명쾌하게 정리된 22가지 불변의 마케팅 법칙은 마케팅을 공부하기 시작한 학생부터 노련한 전문가에 이르기까지, 사원에서 CEO에 이르기까지, 직장인에서 자영업자에 이르기까지, 모두가 반드시 읽어야 할 책이다.

The Answer

존 아사라프, 머레이 스미스 지음 | 이경식 옮김 | 랜덤하우스코리아

이 책은 세계적 베스트셀러 『시크릿』의 실천편이라 할 수 있다. 이 책의 지은이 존 아사라프는 자신의 사업 파트너이자 경영 컨설턴트인 머레이 스미스와 함께 『시크릿』에서 미처 다 말하지 못했던, 4가지 성공의 법칙을 공개했다. 『The Answer』에는 원하는 것을 끌어당기는 구체적인 방법들이 담겨 있

다. 특히 불운을 딛고 미국인들이 가장 선망하는 위치에 오르기까지 저자들이 직접 겪은 사례와 경영 자문 회사를 운영하면서 상담했던 수많은 기업체의 성공 사례는 설득력을 더한다. 혼돈과 불안의 시대를 돌파해 오랫동안 꿈꿔온 삶을 살게 해줄 지혜를 제시할 『The Answer』, 이 책은 무한한 뇌의 능력을 무시한 채 걱정과 불평불만으로 인생을 탕진하고 있는 모든 이들의 필독서이다.

10년 후 일의 미래

트렌즈 지 특별취재팀 지음 | 권춘오 옮김 | 일상과이상

전 세계 2만여 명의 전문가들이 참여한 미래학 연구지인 「트렌즈(Trends)」 지에 실린 기사 중 국내 독자에게 유용한 것들을 모아 엮은 책이다. 「트렌즈」 지는 매월 6~8개의 사회 · 경제 · 신기술 관련 기사를 각 분야의 전문가들이 각자의 의견과 자료를 공유해 형성하는 '집단지성을 활용한 지식보고서' 이다. 세계 최고의 미래학 연구기관인 세계미래학회와 「더 퓨처리스트(The Futurist)」 지에서 활동하고 있는 이들이 함께 만든 세계적인 미래학 전문지이다. 이 잡지에 실린 글들은 지구촌의 현재를 반영하기도 하고, 가까운 5년 이내의 미래, 10년 이후의 미래를 반영하기도 한다.

이 책에는 그래핀과 몰리브데나이트, 사물인터넷, 인공지능, 무인자동차, 바이오-나노프린팅, 생분해성 플라스틱, 녹조류 농장 등 전 세계 업계지도를 뒤바꿀 새로운 트렌드를 소개하고 있다. 최근 뜨거운 감자로 떠오른 신기술들이 지금부터 10년 후까지 어떻게 발전해 나갈지, 그에 따른 기회와 위기는 무엇인지를 밝히고 있다.

시를 노래하고
삶을 노래하다

장태평

더푸른미래재단 이사장,
전 농림수산식품부
장관

미래의 사랑이란 있을 수 없다.
사랑은 오직 현재의 활동일 뿐이다.
지금 사랑을 표현하지 않는 사람은
사랑을 갖고 있지 않는 사람이다.
-『톨스토이의 인생론』

사랑으로 인간과 인간을 잇다

정현종 시인은 말했다. '사람들 사이에 섬이 있다'고. 그리고 시 쓰는 전 농림수산식품부 장관 장태평은 말한다. '사람들 사이에 사랑이 있다'고. 그는 인생의 출발점을 '사랑'에 두었다. 그는 문학소년 시절부터 삶의 풀리지 않는 숙제가 있었다. 우리는 어떠한 인생을 살아야 하는가? 어떻게 인생을 살아야 죽을 때 후회 없이 행복해하며 삶을 마감할 수 있을까? 호기심 넘친 문학소년의 가슴속에는 수많은 질문이 꼬리에

꼬리를 물곤 했다. 이런 궁금증에 대해 시원하게 말해 주는 선배도 스승도 만나지 못한 채, 다시 질문하고 스스로 답을 만들기도 할 즈음, 메마른 땅을 적셔 주는 단비 같은 책을 만났으니, 바로『톨스토이의 인생론』이다.

문학소년 장태평의 호기심어린 질문에 톨스토이는 대답한다.

'남을 사랑하라.'
'나 자신보다 남을 사랑하라.'
'자신보다 남을 사랑하는 자만 행복해질 수 있다. 남과 사회를 사랑하라.'
'나는 죽고 사라지지만, 타인과 사회는 존재한다. 나로 인해 한층 더 사랑이 넘치는 사회와 타인은 남아 존재한다. 그러면 우리는 죽은 것이 아니다. 사회와 타인 속에 영원히 존재하는 것이다. 그리고 진정한 사랑을 하라. 자기만족을 위한 사랑이 아닌, 사랑하는 대상의 행복을 위한 사랑을 말이다. 시간과 공간에 제약받지 마라. 시간과 공간이란 제

     CEO의 독서경영

약은 인간이 만들어낸 허상일 뿐이다. 위대한 인간은 그러한 제약에 구
속받지 않는다. 사랑은 그러한 것을 뛰어넘는다.'

　참으로 명쾌한 답이다. 러시아의 부유한 귀족의 집안에서 태어나 파
란만장한 삶을 살았던 톨스토이는 젊은 시절부터 삶에 대한 문제로 고
민을 했다. 그리고 자신이 소유한 토지를 가난한 사람들에게 나눠 주기
도 하고 학교를 세워 아이들을 가르치는 등 자신의 사상을 직접 실천
하기도 했다. 그런 그가 인생의 말년에 쓴 작품이 바로『톨스토이의 인
생론』이다. 따라서『톨스토이의 인생론』은 톨스토이 자신이 살아온 인
생의 집대성이자 자기 사상에 대한 요약이라고도 할 수 있다.

　호기심이 많고, 삶에 대한 질문이 많았던 장태평은 "집안에 본격적
으로 문학을 하는 사람은 없지만 형제들이 다 글재주가 좋다. 공직자의
길을 걸어왔지만 원래는 신문기자가 되려고 했었다"고 말한다. 장태평
은 과거 경제기획원(지금의 기획재정부) 근무를 시작으로 평생 공직에 몸
을 담았는데, 그 계기는 "대학도서관에서 기자시험 준비를 하는데 친
구가 행정고시를 보자고 꾀어서 넘어갔다. 그 친구가 아니었다면 지금
쯤 언론인이 됐을 깃"이라고 전했다.

　고교 시절 학교 문예반과 서우회라는 문학클럽에서 문학활동을 하였
으며, 공무원 문학모임인 '사민문학회' 초대 회장을 지낸 그는『강물은
바람 따라 길을 바꾸지 않는다』,『장태평의 새벽을 여는 편지』등의 책
을 저술했다. 그는 미국 쇠고기 수입 협상으로 야기된 촛불정국을 수습
하는 내각개편으로 장관에 취임하였다. 그는 촛불정국의 혼란과 농어

업 정책에 얽히고설킨 실타래를 시적 통찰력과 부드러움으로 잘 풀어
냈다. 장관 재임 시절 농어업인들과 블로그, 메일, SNS 등 "글"을 통해
감성적이고 유연한 소통을 펼쳐서 소통의 달인이라는 평을 받았다.

그가 특별히 아끼는 사상은 『논어』의 인(仁)이다. 인은 곧 사랑이다.
톨스토이의 사랑과 공자의 사랑은 그의 삶 속에 그대로 녹아 있다. 그
는 독실한 기독교인이다. 그래서 그에게 있어 행복의 뿌리는 사랑이다.
『논어』의 핵심적 메시지는 『대학』의 첫 구절이 아닌가 싶다. 즉, 내면의
밝은 덕(德)을 밝히고, 백성을 새롭게 하며, 지극한 선의 세계에 도달하
고자 하는 데 있다. 쉽게 말하면, 인간은 누구나 선악과 시비를 판단할
수 있는 덕이 있다는 점을 믿고 그것을 개인적으로 부단히 갈고 닦는
데 그치는 것이 아니라, 사회적으로 확대 공유하여 도덕적으로 지극히
정의로운 세계를 건설하자는 것이다.

공자의 정신은 고귀한 것이다. 그리고 이러한 정신을 실천하는 원동
력은 바로 인(仁)이다. 흔히 공자 사상의 핵심은 인(仁)이라고 한다. 인
이란 인간과 인간을 연결하는 사랑의 원리라 할 수 있다.

"세상이 아무리 변해도 사랑은 매우 소중한 것이다."

사랑은 결국 생명에서 오는 것

시인이면서 장관을 역임한 그에게 아이디어의 원천은 시다. 옛 선비

　　　　　　　　　　　　　　　　　　　　CEO의 독서경영

들은 시와 서예, 회화를 즐겼다. 자신이 지은 시를 멋진 글씨로 옮겨 적고, 시와 어울리는 그림을 그려 넣기도 했다. 선비들의 이러한 문화세계를 '시서화(詩書畵) 일치'라 했는데, 그는 시서화 일치 하면 가장 먼저 거론되는 인물인 조선 후기 초의대선사 장의순의 후손이다. 초의선사는 우리나라에 다도를 정립한 분이기도 하다. 22세 때부터 전국의 선지식을 찾아가 삼장(三藏)을 배워 통달한 그는 다산 정약용(1762~1836), 소치 허련(1809~1892), 그리고 평생의 친구 추사 김정희(1786~1856) 등과 폭넓게 교류했다. 다산은 『각다고』를 쓰고 초의는 『동다송(東茶頌)』을 지으며 우리 토산차를 예찬하였으니, 한국의 다도는 이렇게 두 분을 만나 중흥하게 된다.

시에도 조예가 깊은 초의선사는 "승려에게는 차(茶)와 선(禪)이 둘이 아니고, 시(詩)와 그림이 둘이 아니며, 시(詩)와 선(禪)이 둘이 아니다"라고 했는데, 장태평의 시인 기질은 초의선사에게 비롯된 것이 아닐까?

一傾玉花風生腋
身輕已涉上淸境
明月爲燭兼爲友
白雲鋪席囚作屛
옥화 한 잔 기울이니 겨드랑에 바람 일어
몸 가벼워 하마 벌써 맑은 곳에 올랐네.
밝은 달은 촛불 되어 또 나의 벗이 되고
흰 구름은 자리 펴고 병풍을 치는구나.
-초의선사

옛 선비들은 시를 통해 공직자의 마음과 자세를 다듬었는데, 그는 선비처럼 공직생활을 하는 게 신념이었다고 한다.

그는 어떻게 시를 쓰게 되었을까?

"하하, 운명적으로 시인이 됐죠. 어려서부터 시를 썼고, 시상이 떠오르면 메모를 해두곤 했었지요. 농림부 국장으로 옮기기 전 교육받던 때인 2001년에 이런 시들을 정리하여 시집을 냈어요. 관료라면 깊이 생각하고 통찰력을 길러야 한다고 봅니다. 내면과 깊이를 헤아려야 하고, 세상일의 뒤도 들여다볼 수 있어야 하죠. 그래야 국민들이 원하는 것을 제대로 알 수 있고, 좋은 정책이 나올 수가 있지요. 왜 옛 선비들이 시를 즐겨 읊었는가를 생각해 봐도 그렇잖아요. 요즘 공무원들도 그래야 한다고 생각합니다."

그러나 자신이 시인으로 각인되는 것을 원하지 않는다. 그는 시인이기 전에 끝까지 관료이기를 원했다. 지난 1977년 행정고시 20회로 공직을 시작한 그는 기획, 예산, 공정거래, 소비자정책, 국제조세, 법인세, 재산세 등 예산과 세제 분야에서 두각을 나타냈다. 경제협력개발기구(OECD) 가입을 위한 협상과정에서 땀 흘린 공이 인정되어 '훈장'도 받았고, 구조조정과 관련된 『기업 구조조정과 세제지원』이라는 두툼한 저서도 펴냈다. 농림부에 파견나가 농업정책국장을 하면서는 농협개혁과 농업금융 및 농업세제 등을 혁신하여 새로운 농업정책을 펼쳤으며, 재정경제부 정책홍보관리실장으로 돌아와서는 정부정책의 홍보방식과 국유재산 관리제도를 크게 개선하였다. 그는 영 엉뚱한 분야인 청렴위원회 사무처장으로 발탁되어 일을 하면서도 공직자의 부패방지와 기업의 사회적 책임에 대한 다양한 제도를 새로운 시각에서 도입하여 운영하였다. 그는 혁신가로 정평이 나 있다. 가는 곳마다 맡는 일마다 변화와 혁신을 불어 넣고 실천하기 때문이다. 우공이산(愚公移山), 우직한 사람이 산을 옮긴다 했던가. 이름처럼 태평스러운 그의 표정과는 달리, 한번 하고자 하는 일은 끝내고 마는 끝장정신이 있다. 그는 1984년 혈관종이 발견되는 과정에서 며칠간 이를 간암으로 알고 삶을 정리하는 경험을 하였다. 이후 그는 인생을 덤으로 사는 행운을 가졌다고 생각하며, 개인적인 욕심을 다스리고 있다고 한다.

'옛 선비들은 나라만큼 시를 사랑하였다. 국민만큼 시를 가까이하였다.'

농림수산식품부 장관으로 일할 때에도 가능한 한 더 깊고 멀리 보는 옛 선비의 마음자세로 나랏일을 하려고 애썼다. 셰익스피어는 가장 작은 흔들림까지도 보는 것이 사랑이라고 했다. 그는 작은 일에도 충실하다. 주말에는 늘 농어민들과 현장에서 같이 지냈다. 그는 말한다. "정책은 현장에 답이 있다. 그리고 농어민들이 진정 원하는 정책을 펼쳐야 한다. 그래서 그들의 얘기를 들어야 한다. 그리고 정책에 관한 얘기뿐만 아니라 마음속에 있는 답답한 것, 아픈 것까지도 얘기하라고 한다." 그렇

다. 그것이 바로 소통이다.

그는 농업에 관한 일을 자주 하게 되었는데, 그때마다 밤을 새며 물 불 안 가리고 신나게 일했다고 한다. 그래서 그는 국회에서 "나의 DNA 속에 농업이 있는 것 같다"고 토로했다고 한다. 그의 농어업사랑은 이유가 있다. 그가 중요시 하는 '사랑은 결국 생명에서 나오는 것'이라고 생각하기 때문이다. 그는 '농업은 단순한 먹을거리를 생산하는 일차산업이 아니라, 이제는 각종 소재를 생산하는 생명산업으로 영역이 확장되고 있다'는 점을 강조한다. 그리고 농업이 첨단산업과 융복합되면서 고부가가치 산업으로 변신하고 있기 때문에 미래에 무한한 발전 가능성이 있다고 말한다. 그는 생명산업의 전도사이다. 그래서 공직생활을 마친 그는 한국 농업의 미래를 위해 '더푸른미래재단'을 설립하여 경쟁력 있는 농어업경영자를 양성하는 활동을 하고 있다.

"책을 읽는다는 것은 많은 경우에, 자신의 미래를 만든다는 것과 같은 뜻이다."
-에머슨

그는 책을 읽으며 지혜를 넓히고 자신의 미래, 아니 대한민국 농업의 미래를 만들어가고 있다. "농어업도 시대의 변화에 발맞춰 변화와 혁신을 거듭해야 한다. 이를 위해서는 농어업인들, 특히 젊은 농어업인들이 기술과 경영에 대한 공부를 끊임없이 해야 한다. 그리고 미래를 향한 글로벌 비전을 가져야 한다"고 강조한다.

우수한 농수산물은 그 자체로 사람의 건강을 유지하고, 강화해 주는 훌륭한 약재다. 앞으로는 고기능성 식품이 더욱 각광을 받게 될 것이다. 최근 농수산물은 새로운 바이오 연료 등 에너지원으로 활용되고 있다. 뿐만 아니라 농수산물의 주요 성분을 개별적으로 추출하여 활용하고, 미세조류나 분자생물학을 통해 농어업의 틀을 바꾸고 있다. 이들 사례에서 공통점이 있다면 농어업이 생명자원을 활용하는 '고부가가치 산업'으로 발전하고 있다는 것이다. 기존의 바이오산업은 첨단과학기술을 통한 생명자원의 활용이라는 측면에 중점을 두고 있는 개념인 반면, 생명산업(Life Industry)은 생명자원의 발굴 및 생산에서부터 유지 · 관리 · 응용까지의 모든 과정에서 살아 움직이는 생명을 다루는 측면에 중점을 두고 있는 개념이다. 생명산업 시대에는 기존 석유에서 만들어냈던 수많은 물질들이 생명자원으로 대체된다. 뿐만 아니라 그는 "미래에는 생명산업이 산업의 한 분류가 아니라 모든 산업의 기본산업이 되어서 경제체제 자체가 바이오경제(Bio-economy)로 전환되어야 한다. 이미 미국 정부는 이를 선언하였다"고 말한다.

생명산업 시대의 농림수산업은 더 이상 약한 산업이 아니다. 기초산업이고 미래신업이기 때문에 차세대의 유력한 국부창출원이 될 산업이다.

이처럼 미래를 내다볼 줄 아는 더푸른미래재단 장 이사장은 장관 재직 시절에 농업 보조금 제도 개선, 농협 신경분리 등 이해관계가 첨예하게 대립하는 사안들을 원칙과 논리로 끝까지 관철해냈다. 이 때문에 언제나 '개혁주의자', '혁신가'라는 타이틀이 따라다닌다.

타인의 주장에 귀를 기울이면서도 자신의 소신을 저버리지 않는 그에게 '강물은 바람 때문에 갈 길을 바꾸지 않는다'는 시는 잘 어울린다. 시인 장태평은 자신의 시처럼 꿋꿋하게 자신의 갈 길을 가고 있다.

시는 아이디어의 원천이었다

2008년부터 2년 넘게 제58대 농림수산식품부 장관을 역임한 이후, 얼마 전까지 그는 제33대 한국마사회 회장으로 활동한 바 있다.

그가 마사회 회장으로 재임 중일 때 나는 '독서경영' 강의를 갔었다. 2년 전부터 서울대 모 공부모임에서 그를 처음 만났다. 늘 앞좌석에서 맑은 미소로 강의에 임하는 모습은 『논어』의 첫 구절인 '배우고 익히니 또한 기쁘지 아니한가?'처럼, 배움의 즐거움을 만끽하는 모습이었다. 필자는 공부모임에서 매월 경영자가 읽으면 좋은 책을 추천하고 책의

CEO의 독서경영

핵심을 전달하는 강의를 맡았다. 짧은 독서 강의였지만 그는 "좋은 책 정보를 얻고 경영에 귀감이 되는 시간"이라며 늘 격려의 말씀을 아끼지 않으셨다.

그러던 어느 날 한국마사회에 독서경영을 전파하게 되었다. 강의를 가는 날 나는 눈이 휘둥그레졌다. 아름드리나무들과 형형색색 들꽃에 둘러싸인 마사회는 천국 같았다. 신선한 공기와 푸르고 큰 나무들이 누구나 이곳에 오면 모두가 행복해진다는 느낌을 전해 주었다.

"독서는 무엇을 하든지 기본이다."

한국마사회에 따르면 그는 지난 2011년 11월 한국마사회의 회장으로 부임한 이래, 공기업들이 등한시하는 경영효율화와 마케팅을 강조하며 마사회의 기업경쟁력을 높이는 데 크게 기여했다.

경기불황의 여파로 매출이 감소세에 접어들자 경영위기 상황임을 선포하고 비용절감 및 다각적인 매출진작책을 실시, 역대 최고 매출액(7조 8,397억 원)을 달성했고, 특유의 리더십과 설득력으로 노동조합과 직원들을 설득해, 11년간 지연되어온 전직원 연봉제를 관철시켜 '혁신의 전도사'라는 별명이 허명이 아님을 입증시켰다.

특히 전 직원 연봉제는 공기업인 한국마사회에 능력과 성과 중심의 조직문화가 뿌리내리는 데 큰 기여를 한 것으로 평가받고 있다. 모든 업무에 대해 계획에서부터 실행과 성과에 이르는 전 과정을 실시간으로 통합관리하는 '종합경영관리시스템'을 구축하는 데 성공했다.

그는 한국마사회의 각 부서와 개인의 업무계획에서부터 과제실적,

성과관리, 성과보상, 인사반영에 이르는 전 과정이 통합적인 관점에서 유기적으로 이루어지는 통합 성과관리 시스템을 확립하였다.

책 읽기 좋은 곳, 침상(枕上) · 마상(馬上) · 측상(廁上)

그가 마사회를 경영하면서 즐겨 읽는 책은 『나폴레옹 평전』이다.

장교 출신인 나폴레옹은 전쟁영웅이기도 했지만 독서광이기도 했다. 전쟁터에서도 그는 책 읽기를 게을리하지 않았다. 치열한 전쟁이 한창이던 어느 날 밤, 나폴레옹은 전선을 단독 순시하고 있었다. 그는 어느 초병이 보초를 서고 있는 곳으로 접근했다. 그러나 초병은 누구냐고 수하를 하지 않고, 총을 꼭 껴안은 채 졸고 있었던 것이다.

초병이 졸고 있는 발밑에는 셰익스피어의 책이 놓여 있었다. 나폴레옹은 '저 병사도 책을 좋아하는구나!' 하고 생각했다. 그러고는 초병 곁에서 보초를 대신 서 주었다.

한참을 자고 깨어난 초병은 자신의 곁에서 나폴레옹이 대신 총을 들고 보초 선 것을 알고 경악하지 않을 수 없었다. 그러나 나폴레옹은 그 병사를 야단치지 않았다. 무슨 책을 즐겨 읽느냐는 등 책 이야기만 하다가 그냥 돌아갔다.

나폴레옹은 가끔 그 병사를 불러 여러 가지 책에 대한 토론을 하였고, 두 사람은 사령관과 병사의 사이를 떠나 책을 사랑하는 친구가 되었다.

나폴레옹과 보초병의 일화는 아름다운 한 폭의 그림 같은 이야기다. 장 이사장은 이 이야기를 특유의 감칠맛 넘치는 말솜씨로 전해 주신다.

나폴레옹은 그 병사를 군법으로 다스릴 수 있는 상황이었는데도, 독서라는 포용의 리더십으로 승화시켰다. 그도 독서와 관련된 경험을 털어놓았다. 그는 청렴위원회 사무처장으로 재직할 때, 위원회의 과장급 이상 간부들이 한 달에 최소한 한 권의 책을 읽고 책 내용과 독후감을 소개하도록 하는 발표회를 매달 시행하였다. 결국 간부들은 수십 권의 책을 접하게 되는 경험을 하게 하였다.

그는 책을 좋아한다. 학생시절에는 1주일에 한 권의 책 읽기를 실천하려고 노력했다. 그리고 독후감을 일기에 썼다. 시내에서 자투리 시간이 남으면 그는 가까운 서점에 가서 눈에 띄는 책을 골라 서문을 읽는 것이 취미처럼 되어 있다고 한다. 서문에는 책을 쓰는 작가의 아이디어와 책 내용이 함축되어 있기 때문에.

영국의 엘리자베스 여왕은 최빈국인 영국을 최강국으로 만들었다. 그 힘은 그녀의 독서에서 나왔다. 그녀는 자신보다 책을 많이 독파한 학자는 거의 없다고 자랑했으며, 죽는 날까지 키케로나 플루타르크 번역을 소일거리로 삼았다. 그녀는 "대영제국에는 늘 두 가지 자랑할 것이 있다"고 말했다. 왕이 자랑하는 첫 번째는 성격이고, 두 번째는 셰익스피어다.

"책을 읽는 데에 어찌 장소를 가릴 수 있는가?"
-이퇴계

구양수는 송나라 때의 고문운동(古文運動)의 영도자로, 명도(明道)의 정통 이론을 주장하면서 삼상(三上)을 이렇게 이야기한다. 문장을 만들

때 뛰어난 생각이 드는 장소는 마상(馬上), 침상(枕上), 측상(厠上)이다. 마상은 이동 중에 책을 읽는 것이고, 침상은 눈떠 기상해서 책을 읽거나 잠자기 전에 읽는 것을 말하며, 측상은 화장실에서 책 읽기를 말한다. 바쁜 와중에 자투리 시간을 이용해 독서를 하는 숨은 1인치를 활용하는 것이다.

과거에는 돈을 절약하기 위해 시간을 투자했지만, 바쁜 현대를 사는 우리는 시간절약을 위해 돈을 투자하는 시대에 살고 있다.

사람의 취향에 따라 말을 타면서 생각을 정리하는 경우가 있고, 등산을 하거나 산책을 하면서 명상을 하는 사람도 있다. 그는 주로 자전거를 타면서 생각을 정리한다. 한강 자전거 길을 달리고 있노라면 실타래처럼 꼬여 버린 생각들이 바람을 타고 술술 풀리는 것을 느낀다. 맑은 바람 탓일까? 자전거에 몸과 마음을 맡기고 자유로운 영혼이 되는 순간이다. 실제로 그는 어려운 일이 있을 때 자전거를 타면 생각이 정리되고 새로운 아이디어도 잘 떠오른다고 한다.

꿈이 많은 자는 봄을 먼저 맞는다

봄이 오는 날

장태평

봄은 딱 정해진 날에 오지 않는다.
햇빛이 많은 곳에 먼저 오고

　　　　　　　　　　　　　　　　　　CEO의 독서경영

나뭇가지 끝에 먼저 오고

내 사랑 사는 마을 끝 모퉁이에 먼저 온다.

봄은 끝내 모든 곳에 오지만 말이다

봄은 딱 정해진 날에 오지 않는다.

꿈이 많은 사람에게 먼저 오고

일찍 깨어난 사람에게 먼저 오고

눈빛이 고운 내 사랑에게 먼저 온다.

봄은 끝내 모든 사람에게 오지만 말이다

봄날 햇살처럼 따사로운 시다. 봄은 우리에게 희망이고, 시작이며, 출발이다. 새봄, 새 학년, 새싹, 새롭게 시작되는 새봄은 우리에게 항상 새 사람처럼 다가온다. 선홍빛 꽃망울이 흐드러지게 핀 진달래와 병아리처럼 아기자기한 개나리는 해마다 봄이 되면 보는 것들이지만, 봄꽃과 봄바람, 봄햇살은 새로 만나는 사람처럼 한 해 한 해 신선하게 느껴진다. 그렇다. '봄은 끝내 모든 사람에게 오지만' 꿈 많은 사람, 영혼이 맑은 사람에게 먼저 온다는 말이 가슴을 흔든다.

그의 시는 곧바로 인생의 본질을 두드린다. 삶에 대한 진지함과 통찰의 깊이가 팽팽한 긴장을 이루면서 진실을 읽어내는 게 그의 시가 지닌 미덕이다.

글쓰기와 삶의 일치를 지향한다는 그는 존경하는 분이 세종대왕이며, 앞으로 세종대왕 평전을 쓰고 싶다고 한다. 그는 세종을 세계적인 천재대왕이라며, 세상의 모든 것을 뛰어넘는 것이 천재라고 정의한다. 세종대왕은 천재이기 때문에 즉 세상의 모든 사물과 이치를 통찰할 수 있는 능력자였기에 자신을 반대하는 최만리를 품을 수 있었고 노비인 장영실을 고급관리로 삼을 수 있었다는 것이다. 높은 곳에 오르면 벽을 넘어 모든 것을 볼 수 있듯이 천재는 세상의 높은 벽을 넘고 시간을 넘어 모든 것을 이해할 수 있다는 것이다.

이제 더푸른미래재단 이사장이 된 그는 봄날 새싹이 돋아나듯 새로운 꿈이 생겼다. 미래형 농수산업의 진흥과 지속가능한 농어업의 발전에 기여할 농어업 기업가를 양성하고, 농어촌의 공동체 육성 및 지역발전에 기여하려 한다.

문학소년으로 책을 좋아하며 글쓰기와 삶을 일치시켰던 그는, 재경부 시절 첫 시집 『강물은 바람 따라 길을 바꾸지 않는다』(도서출판 나비)를 펴냈다. 그의 시는 짧고 명쾌하다. 군살 없이 탄탄한 근육으로 만들어진 조각품 같다. 절제된 감정과 잘 다듬어진 시어가 서로 버팀목처럼 떠받치며 적절한 조화를 이룬다. 『새벽을 여는 편지』에는 농림수산식품부 장관 시절의 애환과 추억이 묻어 있다. 마사회를 경영하면서는 사람과 말의 교감을 연구했는데, 앞으로 그 연구 결과를 책에 담을 계획이다.

소통을 넘어 교감을 이룰 때 우리는 한마음, 한뜻으로 함께할 수 있고 미래를 창조할 수 있다. 시를 지으며 시와 교감했고, 농업을 위해 생명과 교감했으며, 마사회에서는 말과 교감한 그는, 이제 더푸른미래재단에서 미래형 농수산업과 교감하고 있다.

강남스타일의 말춤이 세계의 남녀노소를 비롯해 뜨거운 청춘을 신나

게 흔들었다. 좋은 상품은 이렇게 사람의 깊은 정서를 흔들어 깨워 감
동을 준다. 기업은 그런 상품을, 정치인은 그런 정치를 만들어 우리 마
음속을 흔들어 주었으면 좋겠다.

그는 자신이 가장 아끼는 시 한 편을 내게 읊어 주셨다. 우리는 타버
렸다고 없어진 것이 아니다. 우리는 실패했다고 끝난 것이 아니다. 우
리에게 오는 실패와 좌절은 다시 뜨겁게 타오를 과정에 불과한 것이다.

사랑했던 마음
　　　　　　장태평

검게 타버린 내 마음아,
너는 타다가 남은 재가 아니다.
언젠가,
연기도 불꽃도 내지 않고,
다시 뜨겁게 타오를
참숯 한 덩이

생명이 자본이다

이어령 지음 | 마로니에북스

대한민국 최고의 석학 이어령이 50여 년 동안 숙성시켜 온 주제인 '생명자본주의'를 누구나 쉽게 읽을 수 있도록 그만의 정제된 언어로 풀어놓고 있다. '유레카'라고 하는 감탄사 하나의 낱말을 통해 희랍까지 거슬러 올라가고, '아이고'라는 언어를 통해 이 지상에서 가장 청정하다는 파랗고 투명한 바이칼 호수까지, 그리고 내 방과 그 어항을 얼렸던 추위에 대한 관심까지 이어진다.

이는 다시 생명으로 흐르는 물에 대한 발견으로, 먹고 먹히는 그 놀라운 우리 식문화에 대한 고찰로까지, 인문과 과학, 경제, 정치까지 진정한 융합과 통섭의 세계를 보여주고 있다. 그에게 있어 '금붕어 유레카'의 언어는 때로는 에세이고, 시이며, 소설이고, 어느 경우에는 어머니를 상기시키는 언어다.

피터 드러커의 위대한 혁신

피터 드러커 지음 | 권영설. 전미옥 옮김 | 한국경제신문

1960년대에 지식사회의 도래를 예견하면서 지식산업, 지식근로자 등의 용어를 최초로 소개하는 등 오늘날의 대변혁을 걷게 될 사회 흐름을 명징하게 분석함으로써 전 세계로부터 '세계에서 가장 영향력 있는

경영의 대가, 세계 최고의 사회사상가'라는 찬사를
받던 피터 드러커 박사의 최후 유작이다.

　혁신이야말로 개인과 조직 그리고 사회가 살아남
기 위한 필수적인 생명유지 활동이라고 강조하면서
IBM, 듀폰, 인텔, P&G, 블루밍데일 백화점, 포드자
동차, 시티뱅크, J. P. 모건, 걸스카우트연맹에 이르
기까지 다양한 사례를 통해 혁신의 핵심과 실천전략, 실패를 방지하기
위한 원칙 등을 소개한다.

　"치열한 생존 시대에 살아남기 위한 혁신은 어떤 것인가? 혁신을 위
한 방법에는 어떤 것이 있는가? 그 저항은 어떻게 극복하는가? 사람들
로 하여금 어떻게 하면 혁신을 원하고 혁신을 달성하기 위해 노력하게
만들 수 있는가?" 등에 대한 해답을 제시하는 혁신의 결정판이다.

텔로미어

마이클 포셀, 그레타 블랙번, 데이브 워이내로우스키 지음 | 심리나 옮김 | 쌤앤파커스

우리는 지금까지 노화와 죽음이 태어날 때부터 정
해진 운명이라고 여겨왔다. 역사가 시작된 이래 화
장품이나 의약품, 가종 시술과 수술은 눈부신 발전
을 거듭해 왔지만, 인류는 노화와 죽음을 조금씩 늦
출 수만 있을 뿐, 정해진 운명을 거스를 수는 없었
다. 하지만 텔로미어 이론이 노벨의학상으로 검증
받고, 이를 기초로 촘촘히 짜인 항노화 프로그램이 등장함으로써 노화
는 더 이상 '받아들여야 할 운명'이 아닌 '치료 가능한 질병'이 되었다.
위험과 부작용으로 넘쳐나는 수술이나 의약품의 손길 없이, 적절한 생

활습관만 갖춰도 스스로 노화를 막을 수 있게 된 것이다.

이 책은 스스로 노화를 치료하여 젊고 활기찬 100세, 120세를 살게 해줄 간단한 생활 속 비법들로 이루어져 있다. 저자들이 제시하는 2주 식단, 6주 운동법, 하루 10분 명상법 등의 프로그램은 다가올 노화를 우려하는 독자들은 물론, 활기찬 노후를 희망하는 모든 이들에게 가장 과학적이고 손쉬우면서도 실용적인 해법이 될 것이다.

입은 무겁게, 표정은 밝게,
행동은 빠르게

장희구
코오롱플라스틱
대표이사

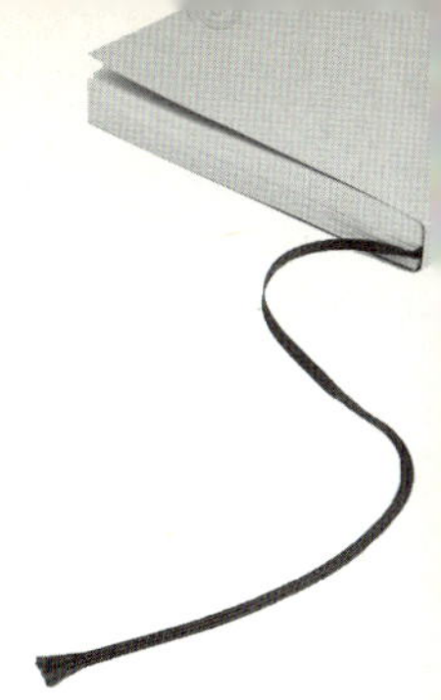

열정적인 삶 속에서 빛나는 기업가정신

지난해, 코오롱플라스틱에 처음으로 독서경영을 전파했다. 필자에게는 신선한 기업이었다.

코오롱플라스틱은 새로운 문화를 만들기 위해 독서경영을 처음 시도했다. 그곳에 독서문화를 만드는 데 함께한 나는 마치 하얀 눈이 소복이 쌓인 눈밭을 처음 걷는 기분이었다. 아, '나의 발자국이 뒷사람의 길이 될 것'이라는 서산대사의 말을 새기며, 나름 정성과 최선을 다해 첫 출발이 시작된 것이다.

"눈 내린 들판을 밟아갈 때에는 모름지기 그 발걸음을 어지러이 말라. 오늘 걷는 나의 발자국은 반드시 뒷사람의 이정표가 될 것이다."

독서경영 전문가로서 코오롱플라스틱에 첫 독서경영을 전파하는 것은 설렘 그 자체였다. 새하얀 눈밭을 걷는 마음으로 조심스럽고 반듯하게, 뒷사람의 이정표가 되고 싶었다. 그런 까닭에 코오롱 그룹의 기업문화와 그들의 기업가정신은 어떠한지, 창업자 고(故) 이원만 회장을 중심으로 나름대로 연구하고 분석해야만 했다.

코오롱 그룹의 모태는 1954년에 세워진 개명상사다. 창업자 고 이원만 회장은 1935년 일본에서 아사히 공예사라는 모자공장을 지어 사업에 성공한 뒤, 1951년 도쿄에 삼경물산을 세웠다. 그리고 삼경물산은 1953년 한국에 나일론을 독점 공급하기 시작했다. 국내에 나일론이 처음으로 들어온 것이 이때다.

불굴의 의지와 하면 된다는 믿음, 조국을 향한 사랑으로 나일론을 수입했고 많은 아이디어를 냈다. 사람들은 진심이 담긴 그의 이야기에 점점 빠져들었고, 솔직담백한 인간성에 마음을 열었다. 그 덕분에 산업단지가 조성되었고, 고 이원만 회장은 화학섬유로 '수출 대한민국'을 만들 수 있었다. 그가 세상을 떠난 지 20년 가까이 되었지만, '국가와 개인 모두에게 이익을 내는 사업을 하자'는 그의 정신은 섬유를 비롯한 여러 산업 곳곳에 퍼져 우리에게 더 나은 삶을 가져다주었다.
1970년대부터 1980년대까지 대한민국의 수출을 이끌었던 섬유산업의 아버지 고 이원만 회장의 열정적인 삶 속에서 빛나는 기업가정신을 발견할 수 있다.

코오롱플라스틱의 장희구 대표이사는 창업주 고 이원만 회장의 기업가정신을 몸과 마음에 새겼다. 청년 장희구는 가슴에 푸른 꿈을 안고 코오롱 그룹에서 사회생활을 시작했다. 모험심이 강한 장 대표이사는

스스로 원해서 여러 부서에서 두루 경험을 쌓았다. 그의 도전정신과 모험심은 새로운 업무에 임할 때 크게 도움이 되었다.

특히 코오롱 구매팀에서 근무할 때다. 슈퍼 갑은 있을 수 없다. 사람들에게 소위 '갑질한다'는 말을 듣지 않기 위해 많은 연구와 공부를 했다. 관련 서적을 탐독하고, 분석하며, 업무에 적용하는 노력을 아끼지 않았다. 특히 주로 구매하는 원료가 케미컬 류가 대부분이었기 때문에 회사의 생산제품과 궁합이 잘 맞아야 했다.

무엇보다도 갑과 을은 거의 대등한 입장으로 일해야 한다는 것이 그의 마음이었다.

'여승무원 폭행', '남양유업 폭언 사태에 누리꾼들 시끌', '성추행 혐의 경질 윤창중 패러디 갑의 횡포 3탄' 등등.

대기업 임원의 항공기 여승무원 폭행 사건과 남양유업의 밀어내기 영업, 그리고 청와대 대변인의 성추행 사건을 다룬 기사 제목이다.

2013년 봄에 잇달아 터진 이 사건들은 '갑질', '슈퍼 갑', '갑의 횡포' 같은 낱말을 양산하면서 한국 사회를 뜨겁게 달궜다.

갑을 관계는 사람 사는 곳이면 어디에서나 나타나는 현상이다. 하지만 그는 좀 다르다. 정의와 도덕이라는 관점뿐만 아니라 모든 사람들이 이익을 나누는 성장과 혁신이 필요하다고 강조하곤 하니까.

올해 초에 코오롱플라스틱의 대표이사가 된 그는 코오롱의 기업정신을 늘 가슴에 심고 다녔다. 기업가정신은 기업의 운명이다.

할머니의 영향을 받아 새벽형 인간이 되다

장 대표이사는 경북고와 서울대 국사학과를 졸업했고, 우리나라에서 그 유명한 58년 개띠다. 어린 시절에는 수년 동안 할머니와 같은 방에서 지냈다고 한다. 새벽잠이 없으신 할머니 덕분에 그도 늘 새벽에 일찍 일어나는 습관이 생겼다.

울산 시골마을에서 일찍 일어나면 할 일은 없다. 자연히 책을 읽을 수밖에 없다. 요즘 같으면 컴퓨터 게임도 하고, 스마트폰을 만지작거리기라도 했을 것이다. 하지만 이른 새벽에 그가 할 일은 책을 보는 것이 전부였다.

그때 읽은 책들은 대부분 위인전과 역사책이었다. 동양의 위인과 서양의 위인을 소개한 책을 두루 읽었고, 그중에서 소크라테스의 철학적

스토리는 회사생활에 흔들릴 때마다 귀감이 되었다.

소크라테스는 우주와 자연에 초점을 맞췄던 서양 철학의 근간을 인간으로 옮기는 데 큰 역할을 했다. 그는 '너 자신을 알라'는 말에 기초하여 단순한 지식을 쌓는 것보다 도덕적 행위를 실천하는 '실천지(實踐知)'를 중시했고, '문답법'을 이용한 독특한 교육 방식으로 제자들에게 철학의 본질을 깨닫도록 했다.

장 대표이사는 늘 '스스로를 보는 눈을 가져야 한다'는 생각을 소크라테스의 철학으로부터 배웠다.

"여러분은 책 속에서나 또는 그 인생에 있어서 보다 훌륭했던 사람들의 발자취를 살피고 그들이 무엇을 숭배하고 무엇을 소중히 했던가를 배우라! 사람은 첫째 무엇을 숭배하고 존경하느냐에 따라 인품이 결정되는 것이다."
-윌리엄 메이크피스 대커리

어릴 적에 위인전과 역사책을 많이 본 그는 어른이 되어서도 역사 속 영웅을 다룬 책을 자주 읽었다. 그는 위인전 중에서 『나폴레옹』을 가장 좋아한다. 기상을 이어받고 싶은 장군은 역시 '나폴레옹'이라고.

『전쟁의 기술』은 역사 속 전쟁 영웅들이 등장하는 책이다. 이 책을 읽으면 '전쟁의 전술이나 경영의 전략은 크게 다르지 않다는 것'을 깨달을 수 있다.

역사 속의 영웅들이 전쟁에서 승리한 전략은, 지금 우리네 기업이 살아남을 수 있는 전략이 되기도 한다. 결국 전쟁의 기술은 삶의 기술이다.

앞서가는 수장은 과거의 방식으로 싸우지 않는다. 더 이상 잃을 것이 없는 절박한 사람은 단 한 번의 싸움에 모든 것을 걸어야 한다. 나폴레옹이 역사상 가장 위대한 장군이 된 것은 그를 정상으로 이끈 무한한 에너지 덕분이었다. 목욕 중에도, 극장에 가서도, 만찬 중에도 끝없이 일을 했다. 병사들의 배를 든든히 채워 주어서 조직의 결속이 단단해졌다. 리더가 솔선수범해 선두에서 이끌었고, 병사들의 기를 집중시켰으며, 당근과 채찍을 함께 이용했다. 역시 나폴레옹은 역사상 가장 뛰어난 용병가로 책에 나와 있는 모든 기술을 활용했다. 전쟁 중에도 마차에 책을 싣고 다니면서 독서에 열중한 그의 모습을 통해, 예나 지금이나 책에 답이 있음을 알 수 있다.

어릴 적부터 기른 독서력은 직장인이 된 그에게 자연스럽게 글 쓰는 습관을 길러 주었다. 그에게 글쓰기는 생활이다. 어릴 적 그의 일기장에는 놀랄 만큼 솔직한 이야기들로 가득하다. 친구 때문에 속상한 일, 싸움에 져서 분노했던 일, 미워하고 슬퍼하며 분노하고 기뻐하는 희로애락이 일기장에 고스란히 담겨 있었다. 글쓰기는 그의 취미가 되었다.

그는 내게 직장생활을 하면서 틈틈이 써 놓은 메모장 몇 권을 보여주셨다. 때로는 낙서를, 때로는 마음의 소리를, 때로는 책 속의 명문장을 기록한 흔적들로 너덜너덜 닳아 있었다. 글쓰기에 특별히 도움이 된 책은 이외수의 『글쓰기의 공중부양』이라고 한다.

"글은 정신의 쌀이다."

"떡을 빚어서 읽는 이들을 배부르게 만들거나 술을 빚어서 취하게 만드는 것은 그대의 자유다. 그러나 어떤 음식을 만들든지 부패시키지 말고 발효시키는 일에 유념하라. 부패는 썩는 것이고 발효는 익히는 것이다. 어느 쪽을 선택하든지 그대의 인품이 그대로 드러난다는 사실을 명심하라."

그가 글을 쓰는 이유는 간단하다. 낙서를 하든 글을 쓰든 긁적이고 나면 마음이 시원해진다는 것이다. 복잡했던 생각들이 잘 정리되는 느낌이다.

독서불씨들이 활활 타오르다

처음에는 책을 읽고 싶게 만드는 것이 중요하다. 코오롱플라스틱의 독서경영을 위해 나는 맨 먼저 동기부여를 심어 주려 했다.

그 당시에 대표이사였던 김호진 사장(현 코오롱플라스틱 고문)은 직원들의 복지를 위해 독서문화를 심어 주기를 원했다. 회사를 위해 독서를 하는 것이 아닌, 자신의 행복한 삶을 위해 책을 읽을 수 있도록 독서열정을 뜨겁게 달궈 주고 싶었다.

코오롱플라스틱은 김천에 본사를 두고 과천에 서울사무실이 있어, 나는 두 곳을 다니면서 독서불씨를 피웠다. 동기부여를 위한 독서특강을 할 때, 살얼음판을 걷는 조심스런 마음이었다. 다행히 처음 접하는 독서 강의에 직원들의 눈빛은 호기심으로 가득했다. 독서를 통해 인생의 비전을 찾아가는 그들의 조심스런 첫 발걸음이 시작되었다.

동기부여 특강에 이어 독서불씨를 지피기 위한 독서코디네이터(독서리더) 양성과정을 진행했다. 끈끈한 정이 흐르는 김천 직원들, 선홍빛으로 곱게 물든 단풍처럼 그들의 마음은 고왔다. 착한 시골 인심과 넉넉한 마음, 무엇보다도 눈에 보이지는 않지만 마음을 나누는 정이 흐르고 있었다. 반면, 과천 직원들은 톡톡 튀는 개성과 그에 걸맞은 아이디어도 많았고, 자신의 의사를 잘 표현하는 스피치 기술도 좋았다.

그 당시 사업본부장이었던 장희구 대표이사는 늘 긴장을 풀어 주고 분위기를 살리는 유머리더였다. 그는 독서 강의 중에도 단연 유머로 분위기를 화기애애하게 버무려 주었다.

CEO의 독서경영

장 대표이사가 지난 한 해 동안 직원들과 공유한 책은 김성근 감독의 『리더는 사람을 버리지 않는다』다. 야구감독인 김성근의 40년간 진솔한 이야기가 담긴 책이다.

김성근 리더는 1969년 마산상고 감독을 시작으로 2013년 현재 고양 원더스 감독까지 44년의 지도자 생활을 했다. '야구의 신'인 그는 '나는 선수들을 끝까지 책임지고 살리고 싶었다'고 담담히 고백한다. 리더는 선수가 오로지 야구에만 집중할 수 있도록 조건을 만들어 주어야 한다.

장 대표이사의 영혼을 흔들었다는 책 속의 한 문장이다.

리더는 사람을 버리지 않는다.
화살이 날아오면 화살을 막아 주고
창이 날아오면 창을 막아 주어야 한다.
나무 방패 정도로는 안 된다.
철로 된 방패가 되어 주어야 한다.
_170쪽

리더의 진심이 담긴 말이다. 코오롱플라스틱의 리더로서 절절히 가슴에 새겼다고 한다.

코오롱플라스틱의 독서경영 1년 과정을 마무리하면서 그동안 부서에서 독서토론의 경험과 독서코디네이터들의 소감을 듣는 시간을 가졌다. 어쩌면 한결같았다.

"부끄럽습니다. 정말 부끄럽습니다."

겸손의 말로 시작했다. 하지만 함께 읽으니 "같은 책이지만 다른 시각이 있을 수 있다는 것을 느꼈고, 소통하면서 서로를 이해하는 폭이 넓어지는 기회가 되었다"고 한다.

독서불씨들이 활활 타오른 코오롱플라스틱 사람들, 그들은 매월 한 권의 책을 읽고 책으로 소통한다. 기업에서 독서가 문화로 정착하려면 무엇보다도 토론문화가 잘 이루어져야 한다. 토론을 통해 소통하고, 소통하면서 생각의 융합이 일어나고, 생각의 융합은 다시 통섭적 인간으로 발전시키는 원동력이 된다. 역시 독서의 꽃은 토론이다.

코오롱 문화는 더하고 곱하고 나누기

코오롱의 이웅열 회장은 1월 2일 과천 코오롱타워 대강당에서 열린 '그룹 통합 시무식'에서 신년사를 발표했는데, 올해의 경영지침을 '더하고 곱하고 나누기'라고 선언했다. 그는 "각자 다른 개성을 가진 임직원들이 마음을 더하고 열정을 곱해 시너지를 내고 서로 힘든 것을 나누면서 성공 경험과 신뢰를 함께 공유한다면, 무한대의 성공 에너지를 만들어낼 수 있다"고 강조했다.

이날 이 회장은 임직원들이 이러한 의미를 잘 새길 수 있도록 '+ × ÷ 배지(더하고 곱하고 나누기 배지)' 달기를 제안했다. 이 배지는 '네모', '동그라미', '세모'를 합쳐 놓은 형상을 띠고 있으며, 전 세계 코오롱 가족의 서로 다른 생각과 모습을 상징한다.

이에 따라 코오롱 임직원은 올해 '+ × ÷ 배지'를 지급받아 패용함과 동시에 '팔찌'도 받게 된다. 이 팔찌는 코오롱 임직원 모두가 하나라

    CEO의 독서경영

는 일체감을 뜻한다.

코오롱 가족은 작년에 '성공퍼즐 배지'를 패용한 데 이어 '+ × ÷ 배지'를 달게 되었는데, 이 배지는 이 회장이 2012년 말에 화두로 제시한 '성공할 수밖에 없는 이유'에서 비롯됐다. 그가 '위기'가 아닌 '성공'을 화두로 제시한 것은 '위기'에 대응하는 일시적 비상경영이 아니라 '성공'을 향한 근본적인 체질 개선이 경기불황과 어려운 경제상황을 헤쳐 갈 핵심적인 요소라고 판단했기 때문이다.

장 대표이사는 평소에 마라톤을 즐긴다. 울산중학교 시절 6개월마다 열리는 교내 마라톤 대회에서 6번 모두 일등을 먹었다고 한다. 운동신경이 뛰어난 것도 있지만 지구력에 강하다. 어릴 적 할머니와 룸메이트를 한 뒤로 새벽형 인간이 되었고, 지금도 아내가 깨워서 일어난 적은 없다고 한다. 이른 새벽 그는 맑은 새벽공기를 가르며 산책길에 나선다. 어릴 적 마라톤 선수였던 그는 조깅을 즐긴다. 조깅으로 장거리를 달리는 것은 신체를 튼튼하게 하는 데 매우 효과가 좋기 때문이다.

아침마다 이렇게 달리다 보면 달릴 때마다 심장의 박동에 의해 혈액량이 안정한 상태일 때보다 2~3배나 늘어나게 되고, 딩달아 산소의 유입량도 8에서 12배나 증가된다고 한다. 혈류량은 심장뿐 아니라 폐 부위에서도 약 3에서 4배나 증가한다. 그러므로 이런 장거리 조깅에 의해 온몸의 혈류량 증가와 더불어 혈액순환도 빨라지므로 대뇌에도 혈액이 많이 공급되고 그 결과 기분도 좋아지며 몸도 가벼워진다. 실제로 공복 상태에서 조깅을 하면 그냥 조깅하는 것보다 약 2배 이상의 효과를 볼 수 있다고 한다.

장 대표이사는 매일 아침 물 한 대접을 마시고 충분한 스트레칭을 하고 난 후 집을 나선다. 오랜 세월 동안 조깅을 한 덕분에 말처럼 탄탄한 근육이 되었다고 한다. 무엇보다도 달리는 동안 그는 회사의 난제한 일들을 생각하며, 풀어야 할 각종 업무들을 정리해낸다.

일출을 보려면 어두울 때 일어나야 하고, 젊었을 때 100년을 쓸 몸을 만들어야 한다는 말이 있듯이, 고통 없이 달콤함은 없다.

일본에서 근무할 때는 최고봉 후지산을 5번이나 올랐다고 한다. 등산을 하면서 인내와 끈기, 도전정신을 배웠고, 마라톤을 하면서 지구력을 길렀다.

코오롱플라스틱의 수장이 된 그의 철학이다.
"입은 무겁게, 표정은 밝게, 행동은 빠르게!"

삶은 속도가 아니라 방향이다

수영, 전성민 지음 | 루이앤휴잇

쉼 없는 분주함 속에 미처 깨닫지 못했던 소중한 진실은 '삶은 속도가 아니라 방향이다'다. 국제변호사 수영과 현재 4년째 아프리카 수단에 머물며 빈민구호와 봉사활동에 전념하고 있는 전성민이 삶의 시행착오를 겪고 있는 모든 독자들을 위해 쉼 없는 분주함 속에 우리가 미처 깨닫지 못했던 것들에 대해 알려 준다.

저자는 삶에서 중요한 건 속도가 아니라 방향이라고 이야기하며, 삶의 방향이 분명하면 온 삶이 분명해지지만 삶의 방향이 분명하지 않으면 모든 삶이 불안해지고 문제투성이가 될 수 있다고 조언한다. 선천성 장애를 극복한 구족화가 앨리슨 래퍼,『울지마 톤즈』의 고 이태석 신부, 추리소설의 거장 시드니 셀던 등의 다양한 사례를 들려준다.

3분 고전

박재희 지음 | 작은씨앗

고전에서 배우는 삶의 지혜와 처세술을 담아냈다. 텔레비전과 라디오 등을 통해 치열한 경쟁 사회에서 살아남을 수 있는 통찰을 전해 주었던 박재희 교수가 이 책을 통해 자신과 인간, 나아가 미래를 경영할 수 있도록 도와주는 고전 이야기를 들려준다. KBS 제1라디오의 〈라디오

시사고전〉에서 방송한 내용 가운데 120여 개의 글을 선별해 담았다. 3분이라는 짧은 시간 속에서 펼쳐지는 그의 깊이 있는 가르침은 그동안 현대인들의 든든한 마음의 양식이 되어 주었다. 저자가 평생 고전을 읽으면서 가슴에 담아두었던 글귀들을 통해 현대 생존 전략과 인간적인 사고, 생활방식 등을 배울 수 있다.

리더는 사람을 버리지 않는다

김성근 지음 | 이와우

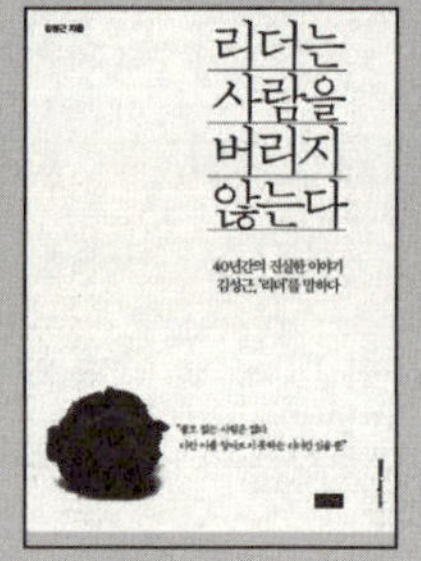

1969년 마산상고 감독을 시작으로 2013년 현재 고양 원더스 감독까지 44년의 지도자 생활을 했으며, 동료 감독이자 야구계 최다 우승 감독이었던 김응룡 감독에게 '야구의 신'이라 불린 리더 김성근이 자신의 삶에서 배운 리더십을 정리한 책이다.

　이 책은 김성근 감독에게 전하는 제자 10인의 편지 그리고 그에 대한 스승 김성근의 화답으로 이야기를 구성하였다. 지옥훈련으로 대표되는 김성근 조련법, 리더 자신이 자신과의 싸움에서 승리하는 자기 관리법, 선수들이 스스로 움직이도록 하는 동기부여 방법 등 그를 성공한 리더로 이끌었던 생생한 방법들을 경험담과 에피소드를 통해 흥미롭게 풀어냈다.

　　　　　　　　　　　　　　　　　　　　　　　CEO의 독서경영

대한민국 전 국민의
행복한 성공 파트너

조영탁
휴넷 대표이사

NET
성공 파트너
경영명

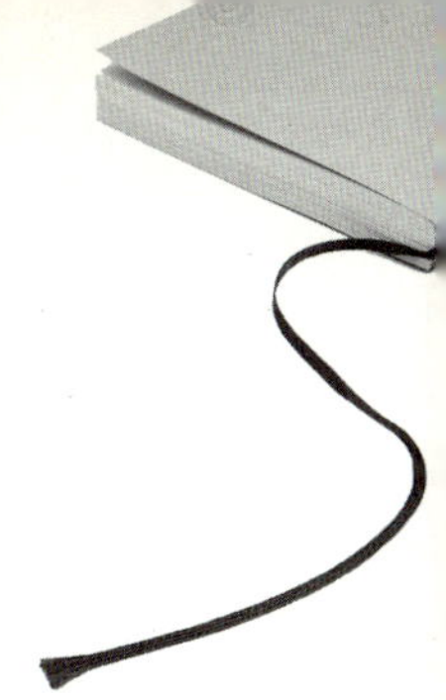

배움은 배반하지 않는다

행복한 성공 파트너 휴넷, 조영탁 대표이사는 행복한 경영 이야기로 잘 알려져 있다. 수년 전, 나는 교육을 전문으로 하는 휴넷 직원들의 혁신 아카데미 강의에 독서경영을 전파했다. 교육 회사답게 직원들의 눈빛이 유난히 반짝였는데, 그 눈빛을 잊을 수가 없다.

그로부터 5년의 세월이 흐른 뒤 인터뷰를 위해 다시 휴넷을 찾았다. 놀라운 성장이다.

'성공하려면 주변 사람들을 성공시켜야 한다'는 말이 있다. 휴넷은 대한민국 사람이라면 누구라도 행복한 성공을 도와주는 회사다. 오랜만에 다시 만난 조영탁 대표이사는 특유의 겸손한 태도로 스토리를 풀어간다. '배움은 배신하지 않는다'는 진리가 CEO의 표정에서 조용히 묻어났다.

그는 서울대 경영학과를 졸업하고 금호 그룹에서 10년간 구매, 회계, 영업, 회장 부속실 근무를 10년가량 했다. 회사생활을 하면서 최고경영자가 되어야겠다는 꿈을 갖게 되었고, 이를 위해 회사 업무를 충실히 하는 것 외에 다양한 준비를 했다. 우선 최고경영자가 되려면 글로벌 감각과 전략적 사고가 필요할 것 같아서, 서울대 경영대학원에서 국제경영전략을 공부했다. 또한 최고경영자에게는 숫자 감각과 재무 마인드가 필요하다는 생각에 직장생활을 하면서, 또 한편으로 대학원을 다니면서 공인회계사 시험을 준비하여 당당히 합격했다.

회사생활을 하는 동안 늘 오너십을 가지고 생활했으며, 모든 경험을 CEO가 되기 위한 준비로 생각했다. 회사를 그만두기까지 10년 동안 단 한 번도 '회사가 재미없고, 생활이 힘들다'고 생각한 적이 없었다고 한다.

그렇게 10년 정도 준비하고 나니 두려움이 사라지고 무슨 일이든 할 수 있다는 자신감이 생겼다. 그는 IMF 이후에 회사에서 전문경영인이

되는 것도 중요하지만 직접 회사를 차려 운영해 보는 것이 더 좋겠다
는 생각이 들어, 1999년 교육 전문 회사 휴넷을 창업했다.

현재 창업 15년째를 맞고 있는 휴넷은 기업 교육, 특히 온라인 기업
교육 분야의 선두를 달리고 있다. 특히 3만 동문을 배출한 학위 없는
MBA인 휴넷 MBA Online, 온라인 인문학 교육의 개척자 역할을 한 휴
넷 행복한 인문학당 등은 대표적 프로그램으로 꼽히고 있다. 삼성, 현
대를 비롯한 대한민국 유수의 기업들은 대부분 휴넷 교육 서비스를 이
용하고 있다.

휴넷은 '세계가 인정하는 교육 기업, 행복한 성공파트너 휴넷'을 비
전으로 하고, 이를 달성하기 위해 주니어-to-시니어 평생학습 서비스,
이러닝을 넘어 스마트 러닝 교육 혁명, 중국을 시작으로 한 교육한류
완성이라는 전략 방향을 설정하였다. 이를 달성코자 150여 명 전 직원
이 합심하여 나아가고 있다.

그는 맹자의 다음 글을 대단히 좋아한다. 그래서 힘든 것은 오히려
좋은 일이라고 생각한다.

"하늘이 장차 그 사람에게 큰 사명을 주려 할 때는 반드시 먼저 그의
마음과 뜻을 흔들어 고통스럽게 하고, 그 힘줄과 뼈를 굶주리게 하여
궁핍하게 만들어 그가 하고자 하는 일을 흔들고 어지럽게 하나니, 그것
은 타고난 작고 못난 성품을 인내로써 담금질하여 하늘의 사명을 능히
감당할 만하도록 그 기국과 역량을 키워 주기 위함이다.(天將降大任於斯
人也, 其心志 苦其筋骨 餓其體膚 窮乏其身行 拂亂其所爲, 動心忍性 增益其所不能)"

지금까지 15년 동안 특별한 어려움은 없었다. 그러나 그가 경영학을 전공하고, 대학원에서 경영전략을 공부하고, 나름대로 10년 이상 회사 근무 경험을 쌓으면서 CEO 준비를 해 왔음에도 불구하고 창업 초기에는 많은 시행착오를 겪은 것이 사실이다.

특히 매년 연말이 되면 올해는 이러이러한 시행착오를 겪었지만 내년에는 완벽하게 잘 할 수 있을 것이라는 낙관적 기대를 가지고 있었는데, 수년간 이런 상황이 지속되자 뭔가 문제가 있다는 생각을 하게 되었다.

"그래서 정말 제대로 경영 공부를 다시 해보자 결심해서, 피터 드러커, 짐 콜린스를 비롯한 경영학자, 마쓰시타, 빌게이츠 등 탁월한 경영자, 애플, 삼성, GE 등 세계 최고의 기업들을 연구하면서, 장기적으로 성장하고 발전하는 경영 모델을 구상하게 되었습니다. 물론 그 와중에서 짐 콜린스의 『good to great(좋은 기업을 넘어 위대한 기업으로)』, 『잭 웰치 끝없는 도전과 용기』 등에서 특별한 영감을 얻기도 했습니다."

그 결과 나온 것이 바로 행복경영이다. 회사가 장기간에 걸쳐 지속적으로 성장하고 발전하기 위해서는 주주뿐만 아니라 기업을 둘러싼 다양한 이해관계자, 즉 직원, 고객, 사회의 행복을 우선 추구해야 한다는 것이다. 이러한 깨달음을 다른 사람들과 공유하고자 '조영탁의 행복한 경영 이야기'라는 메일링 서비스를 시작했고, 지금은 200만에 육박하는 회원들이 매일 이메일을 받아보고 있다. SK, 현대 그룹, 포스코를 비롯한 많은 기업들이 지금은 행복경영을 추구하고 있어 그는 보람을 느낀다.

    CEO의 독서경영

그의 비전 역시 휴넷의 비전과 같은 '행복한 성공 파트너'이다. 다른 사람들의 행복한 성공을 돕는 것이 그의 사명이다. 이를 위해 휴넷 연구원들과 함께 행복한 성공을 위한 성공습관들을 연구하기 위해 자기계발서 중심으로 400여 권의 책을 읽었다.

그렇게 정리한 성공습관들을 스스로 지키려고 노력하고 있다. 예를 들어, 큰 꿈을 꾸는 것, 항상 긍정적으로 살아가는 습관, 노력, 공부 즐기기, 남을 먼저 배려하는 습관, 변화 즐기기 등이다.

특히 그는 항상 메모지를 지참하고 다니면서 아이디어가 떠오르는 즉시 메모를 하고, 이를 다시 컴퓨터에 옮겨 적는 습관을 수십 년간 지켜오고 있다. 그래서 웬만한 사업기획 같은 것은 2시간 이내에 끝낼 수 있다. 평상시에 계속 아이디어를 적어 놓기 때문에 가능한 것이다.

그리고 1989년 이래 25년간 무슨 일이 있더라도 아침 6시 30분이면 회사에 도착하는 것도 중요한 습관 중 하나다. 그때부터 두 시간 반 동안 8가지의 신문을 보고 공부를 해오고 있다.

또, 가족들과 함께 해외여행을 가는 것을 가장 중요하게 생각하고 있다. 매년 2~3개 나라를 여행하며 다양한 역사와 문화를 배웠다. 지금까지 30여 개 나라를 여행했다. 책 읽기를 좋아하는 것도 빼놓을 수 없는 취미이자 습관이다. '조영탁의 행복한 경영 이야기' 메일링을 한 지 10년 동안 연간 250권, 총 2,500여 권의 책을 읽고 정리했다.

전 세계에서 공부를 가장 많이 하는 회사

휴넷은 교육 서비스 회사인 만큼 직원 교육에 많은 투자를 하고 있다. 그래서 조영탁 대표이사는 휴넷 직원들에게 "고3 때보다 더 열심히 공부하라"고 말한다. 첫째 자기 자신을 위해서이고, 둘째 회사를 위해서이고, 셋째 고객을 위해서이다.

"저희 휴넷에서는 365학점제를 운영하고 있습니다. 매일 하루에 한 시간씩 공부하는 제도입니다. 제대로 지키지 않으면 인사고과 승진에서 불이익을 당하기도 합니다. 다행히 전 직원의 90% 이상이 이를 달성합니다. 또한 매주 금요일 아침 8시에는 외부 전문가를 모셔서 강의를 듣는 휴넷 혁신 아카데미를 8년째 운영해 오고 있습니다. 최근 300회 특집으로 박경철 원장을 모셔서 특강을 들었습니다. 또한 5년 만근자에게는 한 달간의 학습휴가를 유급으로 제공하고 있기도 해요. 저희 회사의 모토 중 하나가 전 세계에서 가장 많이 공부하는 회사입니다."

365학점제에는 당연히 독서가 포함되어 있다. 책 한 권을 읽고 독후감을 제출하면 6학점을 인정해 준다. 또한 업무 관련성을 떠나 직원들이 책을 구매하고자 하면 100% 지원해 주고 있다. 회사 곳곳에 비치된 책이 1만 권을 넘어선 지 오래다. 또한 매년 필독서를 지정하고, 휴넷 추천도서 리스트를 만들어 직원들의 독서를 장려하고 있다.

기본적으로 경영과 리더십에 관한 책을 선호한다. 그중에서도 특히 변화와 혁신, 일류기업의 사례에 관한 내용들을 함께 읽는 경우가 많다. 손정의 회장, 스티브 잡스, 이나모리 가즈오, 리차드 브랜슨 등 세계적 기업가들의 책도 대부분 구입해서 함께 공부한다.

특히 이나모리 가즈오의 『인생에 대한 예의』라는 책에서 큰 영감을 얻었다.

책 제목처럼 '인생에 대한 예의'는 무엇일까? 저자는 책의 마지막 부분에서 이렇게 말한다.

"당신이 있어 삶이 행복합니다."

이 말에 정신이 번쩍 든 조영탁 대표이사는 "휴넷이 있어 행복합니다", 이런 말을 듣는 회사를 만들고 싶었다.

젊은 시절 그는 좌절의 연속, 실패의 연속이었다. 세상에는 두 가지 성공과 실패가 있는 것이 아니라, 성공과 과정만 있을 뿐이라는 말이 실감난다.

또한 그는 특정한 분야의 책만 고집하지는 않는다. 자기계발서, 인문학, 소설 등도 적극 권장한다. 최근에는 조정래의 『정글만리』를 직원들에게 일독하도록 권했다.

지금 중국의 인구는 14억에 이르렀고, 중국은 G2가 되었다. 이 느닷없는 사실에 세계인들이 놀라고, 중국 스스로도 놀라고 있다. 중국인들이 오늘을 이루어내는 동안 겪은 삶의 애환과 고달픔도 우리의 경험과 다를 게 없다.

작가 조정래는 1990년대 초반 처음으로 중국을 방문했는데, 소련의 갑작스런 몰락과 달리 건재한 중국의 모습을 보고 중국을 무대로 소설을 써봐야겠다고 마음먹고 20여 년간 이 소설을 썼다. 작가는 세계 경제의 중심이 되어 G2로 발돋움한 중국의 역동적 변화 속에서 한국, 중국, 일본, 미국, 프랑스 등의 다섯 나라 비즈니스맨들이 벌이는 숨 막힐 듯한 경제전쟁을 흥미진진하게 그려냈다. 『정글만리』는 21세기 한반도와 세계 경제 흐름 속에서 인간의 가치와 인류의 지향점을 되새겨줌과 동시에 독자 개개인으로 하여금 미래를 구상하는 계기를 마련해 주는 책이다.

그는 『미스터 초밥왕』, 『미생』 등의 만화도 구입해서 함께 읽기도 한다. 회사 비전과 관련해서는 김난도 교수의 『차이나 트렌드』를 비롯한 수많은 중국 관련 책을 사서 함께 공부했다.

"이용을 염두에 두고 책을 읽되, 전부를 삼켜 버리지 말고 한 가지를 무엇에 이용할 것인가를 알아두어야 한다."

-입센

그는 책을 통해 많은 것을 배운다. 특히 『good to great』와 피터 드러커 교수의 책 등은 회사 경영 철학을 확립하는 데 많은 도움이 되었다. 임원급 이상은 전략과 리더십에, 그리고 현업 직원들은 업무에 직접 도움을 받는 경우가 많다. 사례 등을 통해 창의력을 키우거나, 인문학 서적을 통해 스토리텔링 소재를 얻는 것도 중요한 이점이다.

다른 기업과 다른 사람의 사례를 통해 직원들이 많은 자극을 받고 동기부여가 되는 경우도 많다.

남을 이롭게 함으로써 내가 이롭다

대기업이든 중소기업이든 기업 규모를 막론하고 글로벌 시장에서 사업을 영위해야만 하는 시기가 도래했다. 특히 중국은 우리 기업들에게 엄청난 기회가 될 것이다. 휴넷은 3년 전부터 중국을 공략하기 위해 다양한 노력을 해오고 있다. 청소년 교육 프로그램은 이미 중국에서 서비스 중이고, 중국의 유수 대학과 손잡고 온라인 MBA프로그램을 서비스하기 위한 준비도 마무리 단계에 와 있다. 중국 기업 대상 이러닝 사업도 조금씩 개척해 나가고 있다.

우리나라 교육, 특히 이러닝 분야는 세계적인 수준에 와 있다. 중국을 시작으로 해서 교육 한류를 만들어 보고 싶은 꿈을 가지고 조금씩 조금씩 나아가고 있다.

미래학자들은 앞으로 지구촌의 교육 분야에서 획기적인 변화가 일어날 것으로 예측하고 있다. 일례로 코세라와 같은 무크가 발전하면서 3,700여 개에 이르는 미국 대학 중 2,000여 개가 향후 10~20년 안에 사라질 것이라 이야기하고 있다. 모바일 러닝이 폭발적으로 증가할 것으로 예상되고 있으며, 태블릿을 활용한 교육 혁명의 시기가 곧 도래할 것으로 예측되고 있다. 휴넷은 이러한 혁명적 변화를 앞둔 교육 분야에서 선도적 역할을 해나감으로써 교육 한류를 완성시킬 꿈을 가지고 있다.

'자리이타(自利利他)'는 그가 가장 좋아하는 문구이다. 즉 남을 먼저 이롭게 함으로써 내가 이롭게 된다는 것이다.

그의 인생의 목표는 '무한한 잠재력을 가지고 태어난 수많은 사람들의 잠재력 개발을 도움으로써 개인, 가정, 기업, 사회가 행복한 세상을 구현하는 것'이다. 그러한 개인적인 비전과 사명을 회사의 비전과 일치시켰기 때문에 매일매일 행복한 시간을 보내고 있다.

휴넷의 인재상은 일에 몰입(Committment)하는 열정적인 사람, 끊임없이 학습하는 사람, CEO 마인드로 일하는 사람, 변화와 혁신을 즐기는 사람이다.

새로 입사하는 직원들은 휴넷 비전에 대한 온라인 교육을 비롯해 다양한 교육을 받게 된다. 입사 후 3개월을 베이직 기간으로 해서 스스로 회사를 다시 생각하게 하고, 회사 입장에서도 적합한 인재인지를 판단하고 있다.

그는 여러 권의 책을 펴낸 저자이기도 하다. 직원들에게 회사의 경영 이념에 대해서는 『조영탁의 행복한 경영 이야기』를 읽게 하고, 창업자의 가치관을 공유할 필요가 있다고 생각해서 『100억 연봉 CEO』를 읽게 한다.

그 외에 『불씨』를 비롯한 휴넷 추천도서를 입사 후 1년 이내에 반드시 읽을 수 있도록 한다. 회사가 지향하는 가치와 비전을 공유하고, 휴넷인으로서 휴넷의 문화에 빨리 적응할 수 있도록 돕는 차원에서 진행되는 활동이다. 신입사원의 회사 적응을 돕기 위해 선배 사원 1명이 한 달 동안 돕도록 하는 버디버디 제도도 휴넷의 독특한 시스템 중 하나다.

그의 삶에 가장 큰 영향을 끼친 책은 무엇일까?

"몇몇 분들의 말씀처럼 저도 제가 읽은 것으로 만들어졌다 해도 과언이 아닙니다. 그만큼 다양한 책의 영향을 받았습니다. 한 권의 책만을 꼽기는 대단히 어려운데 굳이 한 권을 꼽자면, 제 삶에 가장 큰 영향을 끼친 책은 에리히 프롬의 『소유냐 삶이냐』라는 책입니다. 신입사원 때 읽었던 것으로 기억됩니다. 삶의 목적이 경제적인 부나 물질적 소유에 있는지, 혹은 정신적인 삶의 가치나 존재에 있는 것인지를 생각하게 하는 책입니다. 제가 인생을 살아가는 데 있어 흔들리지 않게 하는 닻과 같은 역할을 해주고 있지요. 물질적인 가치를 추구하는 삶 대신 영혼, 정신, 사람과의 관계, 남을 도우면서 살아가기 등을 추구하게 해준 소중한 책입니다."

그는 건강은 정신건강과 육체건강 두 가지가 있다고 생각한다. 정신건강은 휴식, 독서, 멍하니 창밖 쳐다보기, 아무 생각 없이 산책하기 등으로 관리하고 있다.

육체건강을 위해서는 일주일에 2~3회씩, 아침 5시에 퍼스널 트레이닝을 받고 있다. 2년 이상 계속해서 트레이닝을 했더니 최근 근육량이 많이 늘었다는 기분 좋은 결과를 확인할 수 있었다.

"역시 뭐든지 꾸준하게 하는 것이 중요한 것 같습니다. 가끔 자전거를 탄다든지, 일요일에 제 집이 있는 여의도를 한 바퀴 걷기도 합니다."

행복이란 무엇인가? 조지 베일런트는 행복을 '지금 이 순간을 즐기는 것'이라고 했다.

다른 사람의 행복한 파트너가 되기 위해 그는 자신이 먼저 행복한 사람이 되어야 한다고 강조한다. 인터뷰를 하는 내내 봄 햇살 같은 행복한 표정이다. 이 순간도 행복을 만들고 있는 것이다. 대한민국이 행복해지고, 지구촌이 행복해지는 길에 휴넷이 있다.

모두가 행복해지는 그날을 위해 휴넷은 달려간다.

good to great

짐 콜린스 지음 | 이무열 옮김 | 김영사

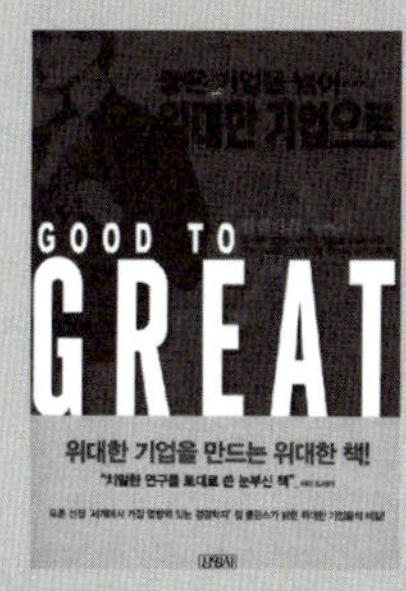

이 책은 저자를 포함한 21명의 연구팀이 5년간 연구한 조사의 결과물이다. 연구 대상은 전환점을 기준으로 15년간의 누적 주식 수익률이 전체 주식시장과 같거나 그보다 못한 실적을 보이다가, 이후 14년간에 시장의 최소 3배에 달하는 누적 수익률을 보인 11개 기업(애벗, 질레트, 월그린즈 등)이다. 그리고 이 기업들과 같은 업종에서 똑같은 기회와 자원을 가졌지만 도약에 성공하지 못한 11개 기업(업존, 워너 램버트, 에커드 등), 한때 좋은 회사에서 큰 회사로 도약하는 데 성공했지만 상승 궤도를 유지하는 데 실패한 6개 기업(크라이슬러, 러버메이드 등)을 비교 사례로 삼고 있다.

이 연구에서 가장 중요한 문제는 '도약에 성공한 회사들이 공통으로 다른 기업들과 구별되는 점은 무엇인가'였다. 보수, 경영 전략과 기업문화, 해고와 리더십의 스타일 등 기업에 관한 모든 것을 살펴본 후 도출된 이 결과물이 오늘날 우리 기업문화에 공공연히 반기를 드는 것도 있으며, 솔직히 적지 않은 사람들을 당혹케 할 것이라고 저자는 말하고 있다.

조영탁의 행복한 경영 이야기(10권 세트)

조영탁 지음 | 휴넷

휴넷 조영탁 대표이사가 이메일로 보내기 시작한 '행복한 경영 이야기'는 1년여 만에 50만 명의 독자를 확보하여 직장인들 사이에서는 널리 알려진 메일 서비스이다. 이 책은 위대한 경영자와 학자들의 경험과 통찰력이 담긴 훌륭한 말과 글을 발췌하고 조영탁 대표이사가 설명하고 재해석한 것으로 행복한 리더, 행복한 회사, 행복한 직원, 행복한 고객, 행복한 사회로 구성되어 있다.

조영탁 대표이사는 "다양한 분야의 실무 경험과 학습을 통해 기업의 목적, 수단, 그리고 그 결과 모두가 행복한 경영이어야 한다는 깨달음을 얻게 되었다. 모든 기업은 장기간에 걸쳐 지속적으로 성장 발전하기 위해 종업원, 고객, 주주, 사회 등 모든 이해관계자의 행복을 추구하여야 한다는 생각에서 행복한 경영 이야기를 시작하게 됐다"고 말한다.

소유냐 삶이냐

에리히 프롬 지음 | 정성환 옮김 | 홍신문화사

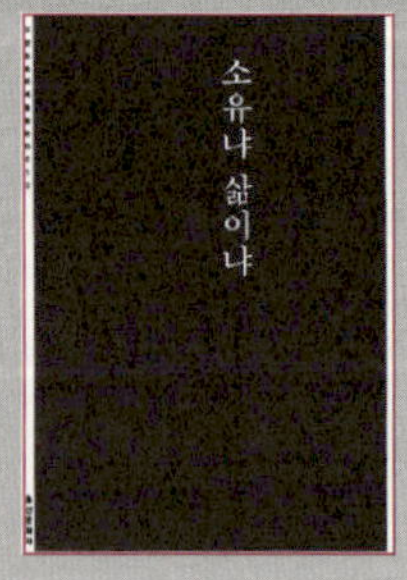

이 책은 현대인의 생활양식을 소유와 존재로 이분하였다. 소유와 존재의 양극 사이에서 다양하게 존재하는 현대인에게, 물질적 소유와 탐욕을 추구하는 생활양식이 아닌 창조하는 기쁨을 나누는 존재를 지향하는 생활양식으로 전환해야 한다고 말한다.

　이 책은 에리히 프롬의 세밀한 관찰과 예리한 통찰력을 바탕으로, 이론에만 머물지 않고 실질적인 방안까지 제시하고 있다. 프롬은 현실적인 변혁의 수단에까지 눈을 돌려서, 중앙집권을 배제하고 개인이 완전한 정보를 얻을 수 있는 '참여민주주의'의 원리를 주장한다. 인간의 본질을 파악하고 이성적으로 행동하는 데 지침을 제공하는 책이다.

독서근육으로 100년 기업을
준비하다

황을문
서린바이오사이언스
회장

독서경영, 웃음경영, 칭찬경영, 지식경영, 네 박자 마음경영

'독서', '웃음', '칭찬', '지식'이라는 네 박자를 조직문화에 녹여, 흑자를 일으키기 힘들다는 바이오 중소기업을 우량기업으로 키운 CEO가 있다. 바로 네 박자 마음경영을 펼치는 CEO, 황을문 서린바이오사이언스 회장이다.

내가 독서경영 특강을 위해 서린바이오사이언스를 방문했을 때, 이 회사의 직원들은 밝고 환한 얼굴로 대뜸 "최고십니다"라고 양 엄지손가락을 세우고 인사하는 것이 아닌가. 엉거주춤 나도 "최고십니다"라고 인사를 나누었지만 그들의 인사하는 표정은 너무도 자연스러웠다. 얼굴표정과 몸짓이 온몸에 녹아들었음을 느낄 수 있었다.

이 회사의 직원들은 하루에도 수십 번씩 "최고십니다"를 외친다. 인사를 받는 상대방도 "최고십니다"를 외치니, 다른 동료에게 인사를 받는 나도 "최고"가 되는 것이다.

무엇보다도 놀라운 것은 회사가 너무 깨끗하다는 것이었다. 꽃들과 초록 화분들이 금방 꽃 농원에서 온 것같이 싱그럽기 그지없었다. 서린바이오사이언스 직원들의 활기만큼이나 화분들도 초록 잎으로 파릇파릇 생명이 숨 쉬고 있었다. 잘되는 기업은, 화장실 문화와 화분들의 싱그러움이 다르다.

독서경영 특강을 하는 동안 나는 그들의 표정을 바라보며, '아, 독서경영 20여 년의 결과물이 이런 것이구나!' 하는 생각이 떠나지 않았다. 강의하는 내내 그 생각이 떠나지 않았고, 제대로 된 독서경영을 한 기업이라는 확신이 강하게 들었다. 강의하는 나와 직원들이 주고받는 독서열정의 파장은 놀라웠다. 독서천국이 있다면 바로 서린바이오사이언스가 아닐까?

특강을 마치고 돌아가는 길에, 황 회장께서 문자를 보내오셨다.
"홍 원장님은 독서천사십니다."
'독서천사'라……. 독서천사라는 말을 듣기에는 내 자신이 부끄럽지만, 짧지만 여운이 오래 가는 독특한 어휘 선택에서 독서내공이 느껴졌다. '독서천사'라는 말에 힌트를 얻은 나는, 다른 기업에서 독서코칭을 하거나 독서코디네이터(독서리더)를 양성할 때 독서열정이 살아 있는 직원들에게 '독서천사'라는 별칭을 붙여 주기도 했다.

서린바이오사이언스 황을문 회장은 1995년부터 20여 년 가까이 독서경영을 실천하고 있다. 그들의 독서근육은 20여 년 동안 얼마나 단단해져 있는지 한눈에 보였다. 이 회사 사람들은 창의적 어휘를 구사하고 상대로 하여금 공감을 이끌어내는 공감도가 뛰어나다. 상대를 위한 배려심까지 뛰어난, 한마디로 품격 높은 회사이다.

서린바이오사이언스는 '서린과학'이라는 회사명으로 출발했다. 황을문 회장은 서린과학이라는 회사명으로 회사를 창립할 때부터 건전한 조직문화를 강조하며 사람 키우기에 초점을 두었다. 때문에 서린바이오사이언스에 입사하면 수습기간 3개월 동안 12권의 책을 필수적으로 읽어야 한다.

『가슴 뛰는 삶』, 『시크릿』, 『먼데이 모닝 리더십』, 『성공하는 사람들의 언어습관』, 『자기혁신 아이디어』, 『CEO는 나에게 무엇을 바라는가』….

서린바이오사이언스 신입사원들이 입사 후 3개월 동안 읽어야 할 필독서들이다. 이들 신입사원은 이 기간에 12권의 책을 의무적으로 읽고 독서발췌문을 제출해야 입사 자격이 주어진다.

특히 신입사원이 읽어야 할 필독서에는 『사람의 마음을 경영합니다』라는 책도 있다. 이는 황 회장이 그동안 회사를 경영하면서 임직원들에 전달한 'CEO 마음경영 메시지'를 모아 놓은 것이다. 이 책은 '교육은 머리를 채우는 것이 아니라 마음을 여는 것'이라는 메시지를 담고 있다. "자기 자신의 모든 생각과 말, 글, 얼굴 표정, 느낌을 통해 자신이 어떤 마음을 갖고 있는지 순간순간 알아차리는 것이 중요하다"고 말하며, 남과 다르게 사는 사람이 돋보이는 21세기 시대에 필요한 지혜를 담고 있다.

황 회장은 마음경영을 위해 3박 4일간 직원들의 명상프로그램을 진행했다. 이 기간 동안 그는 직원들에게 생각을 바꾸는 것이 얼마나 중요한지를 일깨워 주고 싶었다. 그는 사실과 생각은 전혀 다르다고 생각한다. 사실은 이미 일어난 일이기에 바꿀 수 없지만 생각은 바꿀 수 있기 때문이다.

대기업에 비해 중소기업은 교육 여건이 열악하다. 이런 현실을 어떻게 극복할 것인가를 고민 끝에 찾은 것이 의무독서제였다. 입사 후에도 직원들은 매월 2권씩 읽고 싶은 책을 회사로부터 지원받을 수 있다. 대신 직원들은 책을 읽고 업무에 어떻게 활용할 것인지 생각한 다음, 그 내용을 사내 인트라넷에 올려야 한다.

회사에서 직원들에게 권하는 필독서만 200권, 직원 상당수가 자연과학·생물학·생화학 등을 전공했는데 일부러 인문학을 권했다고 한다. 주로 바이오 연구를 위한 연구·진단 장비, 시약, 소품 등 바이오 인프

라를 제공하므로, 직원의 70%가 이과계열을 전공했다. 황 회장은 생명과학은 인간을 위한 분야이니, 인간을 이해하는 데 필요한 인문학 지식이 필요하다고 판단했기 때문이다. 황 회장은 "책 한 권에는 저자의 20~25년 경험이 담겼는데 단돈 1만 원으로 간접경험할 수 있다"면서 "자기계발도 하고 책 내용을 업무 또는 삶과 어떻게 연결시킬 것인지 고민할 수 있어 좋다"고 말하며, 인문학과 관련된 책들을 권하고 있다.

습관의 힘은 무서운 법이다. 서린바이오사이언스 직원들은 처음에는 힘들어했지만 이제는 독서가 하나의 기업문화로 자리를 잡았다. 또 책을 통해 자연스럽게 인재를 육성하고 있다.

책을 읽고 즉시 실천하는 적용도사

그는 적용도사다. 책을 읽다가 느낌이 오면 바로 적용한다. 좋은 것을 적용하고 실천하다 보니, 어느새 그의 삶은 곧 "한 권의 책이 되었다"고 한다. 독서란 나를 찾는 것이다. 책의 교훈이 내 삶에 적용되고 생활에 녹아내리다 보면 어느새 내 삶이 책이 된다는 것이다. 그는 책을 읽다가 전율을 일으키는 문장을 만나면 자리에서 벌떡 일어나 한참 동안이나 서성인다. 그 느낌을 진하게 느끼고 싶어서이다.

황 회장은 거의 20여 년 동안 독서경영 문화를 이어온 덕에, 현재까지 회사가 직원들을 위해 사들인 책은 1만 5천 권이나 된다. 황 회장도 한 달에 13~14권의 책을 꾸준히 읽어 현재까지 읽은 책은 1만 권이 넘었다.

"남아라면 모름지기 다섯 수레 분의 책을 읽어야 한다."
-두보

그런데 여느 집안의 거실과는 달리 황을문 회장의 거실에는 소파가 없다. 소파에 누워 텔레비전이나 보며 빈둥거리다 잠드는 게 싫어서다. 대신 회의용 테이블을 갖다 놓았다. 그와 가족들은 이 테이블에서 책과 신문을 읽거나 대화를 나눈다. 이런 독서습관을 30년 가까이 이어오고 있다. 황 회장은 영업사원 시절부터 책과 함께 성장했다.

그는 가급적 저녁 약속을 하지 않는다. 책을 읽기 위해서다.
황 회장은 1주일에 서너 권, 한 달이면 14권을 읽는 독서광이다. 주중에 평균 2권, 주말에 한두 권을 읽는다. 30년 이상을 그는 이렇게 해왔다. 1년 중 책을 읽지 않고 넘어가는 날이 손에 꼽을 정도다.

그는 "책은 특별히 시간을 내서 읽어야 하는 게 아니라 일상적 삶의 한 부분이 돼야 한다"고 강조한다. 또 "단 한 줄이라도 책의 내용을 적용하고 실천할 때 저자와 공감을 이루고 지혜가 생겨 삶을 풍요롭게 만들 수 있다"고 설명한다. 1995년에 독서경영을 도입한 것도 이런 까닭이다.

그는 독서와 실천을 거듭 강조한다. 아무리 많은 책을 읽어도 실천하지 않으면 머릿속 지식에 그칠 뿐이기 때문이다. 그가 독서에서 얻은 지식을 실천해 독특한 기업문화로 정착시킨 것은 이런 까닭이다.
"독서경영을 통해 역량이나 성과를 키우는 건 구성원 각자의 몫입니다. 회사는 다만 독서를 구성원들의 삶을 풍부하게 하는 기업문화로 장려할 뿐이죠. 직접적이고 단기적인 성과를 목표로 하지 않았어도 독서경영은 지대한 성과를 가져다주었습니다. 2005년에 회사를 코스닥에 상장한 것도 칭찬경영, 웃음경영, 공감문화 등의 차별화 된 기업문화와 독서경영 덕분이죠."

이처럼 서린바이오사이언스는 회장부터 임직원, 신입사원에 이르기까지 200권의 추천도서를 포함해 매달 다양한 분야의 책(소설은 예외)을 읽고 발췌문을 작성하고 있다. 게다가 사내 데이터베이스(DB)에 축적된 독서발췌문은 총 1만 5천 건을 넘어서며 지식의 보물창고를 만들어가고 있다.

많이 읽고 자주 웃고 칭찬을 아끼지 않는 사람들

서린바이오사이언스 직원들은 자주 웃고 많이 칭찬한다. 하루 업무를 시작하기 전인 8시 30분과 느슨해지기 쉬운 오후 4시에는 직원들이 층별로 모여 정해진 노래와 율동을 한다. 노래를 부른 후 30초~1분 정도 손뼉을 치며 모두가 큰 소리로 웃는다. 스트레스를 날려 더 효율적인 업무를 하기 위해서다.

하하하, 크게 웃고 난 뒤에는 누가 먼저랄 것도 없이 "최고이십니다"라며 서로를 치켜세운다. 긍정 에너지를 주고받는 사무실 풍경은 흡사 에너지 충전소 같다. 황 회장은 "직원들이 기분 좋아야 현장에서 고객을 만나 긍정 에너지를 발산한다"며, "고객을 중심에 두고 업무 성과를 높이기 위한 방안"이라고 했다. 이는 '행복해서 웃는 게 아니라 웃으면 행복해진다'는 진리를 반영한 '웃음경영'이다. 실제로 이 회사 90여 명의 직원은 전부 웃음 트레이너 자격증을 보유하고 있다. 웃음 트레이너 자격증을 가진 만큼 그들은 아주 자연스럽게 웃음이 빵빵 터진다.

웃음은 전염성이 강해 웃음 바이러스로 새로운 에너지를 충전한다. 회사에서나 집에서나 내 얼굴이 굳어 있으면 상대편이 금방 알아차린다. 나부터 행복하고 즐거워야 다른 사람도 즐거울 수 있다는 믿음이 깊게 자리 잡고 있는 것이다.

성과 창출을 위해 바이오 사업부와 미팅을 갖는 시간뿐만 아니라 제품 교육을 할 때에도 많은 대화를 나누어 좋은 성과로 이어지고 있다. '행복해서 웃는 것이 아니라 웃어서 행복하다'는 황 회장의 철학이 사내에 좋은 문화를 전파시켜 나가는 것이다.

그래서인지 자랑스러운 중소기업인 협의회 회장, 코스닥협회 부회장, 한국바이오협회 부회장, 동반성장위원회 위원 등을 맡으며 대외활동을 왕성하게 하는 황 회장 역시 늘 웃는 표정으로 보는 이들에게 즐거움을 선사하는 긍정에너지 전파 기업인으로 잘 알려져 있다.

뿐만 아니라, 1996년부터 월요일마다 진행하고 있는 '칭찬 릴레이'는 매주 4명씩의 칭찬이 이어지고, 이날 마지막으로 칭찬받은 사람이 다음 주 또 다른 동료직원을 칭찬하는 방식이다. 이러면서 임직원들은 서로에 대한 관심과 신뢰, 격려를 차곡차곡 쌓아가고 있다.

이런 독특한 문화는 직원들의 창조성을 일깨우기 위한 포석이다. 그는 '창조성은 필 굿(feel good)에서 나온다'고 생각한다. 황 회장은 직원들이 기분 좋게 일할 수 있는 환경을 만들어 주는 것을 최우선으로 꼽는다. 이처럼 직원들이 신바람 나게 일할 '판'을 깔아 주니 성과도 좋았다. 지난 2005년 코스닥에 상장하며 제2의 도약기를 맞더니 해마다 상승 가도를 달리고 있다. 황 회장은 "힘들었던 IMF 금융위기를 비롯해 단 한 번도 적자를 낸 적이 없고, 성장하지 않은 적이 없다"고 자부했다.

황 회장은 새로운 영역에 끊임없이 도전하며 직원들에게 동기부여를 한다. 일례로 그는 지난 2008년 이화여대 무용과 학생들과 함께 3개월을 연습한 끝에 발레리노로 변신, 고전발레 '백조의 호수'의 마왕 역으로 출연하기도 했다.

한편, 자랑스러운 중소기업인 협의회(약칭 자중회)는 25일 개최된 정기총회에서 서린바이오사이언스 황을문 대표이사를 제10대 회장으로 선출했다. 자중회는 중소기업청과 중소기업중앙회가 매월 선정하는 이 달의 자랑스러운 중소기업인상 수상자인 강소기업인들의 모임으로 지난 1996년 설립됐다.

황을문 회장은 "자중회가 한국을 대표하는 최고의 강소기업인들의 모임인 만큼 이업종 회원 간의 교류 활성화는 물론 모범적인 기업인상을 널리 확산하고 정책 대안을 제시하는 데 최선의 노력을 기울일 것"이라고 소감을 밝혔다.

강조하건대 서린바이오사이언스의 무기는 '독서'와 '웃음'이다. 황 회장은 독서경영의 선두주자다. 그런 까닭에 신문과 방송 등에도 수십 차례나 소개됐다. 그는 "독서경영의 효과를 돈으로 따지자면 200억 원은 될 것"이라며, "앞으로 우리의 독특한 기업문화와 시스템을 토대로 업무 몰입도를 25%에서 50%로, 실행률을 10%에서 45%로 높여 향후 헬스케어 기업으로 도약하겠다"는 비전을 세웠다.

특히 정보기술(IT)과 생명공학기술(BT)을 결합한 헬스케어 분야가 최종 목표다. 바이오 기기의 국산화도 이 목표에 포함된다. 그는 "과학의 종착점은 의료"라면서 "그중에서도 생명 연장과 삶의 질 향상을 중추적으로 담당할 분야는 바이오가 될 것"이라고 내다봤다. 이어 "노령화로 인해 앞으로 예방의학 시대가 오는데, 바이오를 잡으면 복지와 성장 두 마리 토끼를 잡을 수 있다"고 덧붙였다.

우선 고객들을 대상으로 다품종의 제품들을 맞춤형으로 지원하고 그들과 소통하기 위해서는 사원들 각자의 사람을 대하는 태도가 무엇보다 중요하다. 오랜 기간 회사가 성장을 이뤄올 수 있었던 것은 서린바이오사이언스의 직원 모두가 회사 대표의 입장에서 고객들을 대해 왔던 것이 유효하게 작용한 것이다.

자기를 사랑하는 사람이 책을 많이 읽는다

'오래된 것들은 아름답다'고 했다. 왜일까? 시련의 시간을 견뎌냈기 때문이다. 인고의 세월 끝에는 결국 빛나는 삶이 축복처럼 기다린다.

                              CEO의 독서경영

독서도 그렇다. 끊임없이 배우고 생각하며 꿈을 키우는 사람에게 더없이 좋은 친구가 바로 독서다. 그래서 자기를 사랑하는 사람은 책을 많이 읽는다. 자신을 가꾸는 도구가 책이기 때문이다. 책을 많이 읽은 사람들은 영혼이 맑다. 겸손과 배려가 깊다. 책을 보면 자신이 보이고 자신을 제대로 보면 겸손해질 수밖에 없다. 책을 읽으면 스스로를 가꾸고 다듬으며 마음을 정돈하는 힘이 길러진다.

결국 독서란 자기관리이며, 자기경영이다. 독서하는 기업은 구성원을 가꾸는 것이다. 무성한 숲은 하루아침에 만들어지지 않는다. 나무 한 그루가 홀로서기를 건강하게 할 때 비로소 무성한 숲이 되듯이, 구성원 모두가 건강하게 성장할 수 있도록 뿌리가 튼튼히 내려져야 한다. 독서는 건강한 열매를 맺기 위한 자양분이다.

독서와 웃음, 칭찬의 문화를 강조하는 황 회장은 다음과 같이 말한다.

"모든 기업들이 기업경영을 통해 성과를 창출하는 데에 초점을 맞추고 있다면 저희 서린바이오사이언스는 성과를 창출하는 핵심 주체가 누구냐, '바로 사람이다'에 초점을 맞추고 있습니다. 서린의 임직원 한 사람 한 사람이 얼마나 귀한 존재고 가치 있고 소중한 존재임을 일깨워 주는 독특한 문화를 구축한 것이 오늘의 서린바이오사이언스를 있게 했습니다. 이를 토대로 앞으로 100년 기업의 새로운 모델을 만들어 가고자 하는 꿈을 임직원 모두가 함께 공유하면서 신나는 일터, 신나는 일, 더 재미난 일, 재미있는 나, 더 재미있는 회사를 꿈꾸는 독특한 기업 문화를 가진 기업이 바로 우리 서린바이오사이언스입니다."

그는 한국판 '시크릿'의 주인공이다. 명확한 목표를 세우고, 이를 이룬 것처럼 생각하고 행동해, 결국 이루었기 때문이다. 별 볼일 없는 영업사원 시절부터 이런 태도를 확고히 했다. "10년 후에 개인 회사를 만든다. 이후 10년 후 법인으로 전환한다. 그리고 10년 후 상장한다"는 목표를 세우고 결국 이를 이루었다.

30년 전 시점에서 보면 불가능한 일이었을 것이다. 비밀의 핵심은 모든 것을 이미 이룬 것처럼 뇌를 속이는 것이다. 그의 2008년도 수첩을 보면 2008년 연말을 가상해 모든 것을 이룬 것으로 메모를 해놓았다. 그는 "새해 복 많이 받아라" 같은 말도 좋아하지 않는다. 그런 말을 하면 뇌는 "이 사람은 복이 없구나"라고 생각하기 때문이란다. 대신 "복을 많이 누려라"라고 말한다.

그는 서린바이오사이언스를 '100년 기업'으로 성장시킬 큰 그림도 그리고 있다. 매일매일 마음을 다잡기 위해 집무실 한켠에 1984년 창

                                                    CEO의 독서경영

립한 해부터 다가올 2083년까지의 100년 달력을 걸어 놓았다. 그는 "기술력을 바탕으로 인류에 보탬이 되는 100년 기업이 되기 위해 노력할 것"이라면서, "연구소를 중심으로 헬스케어 기업으로 도약하기 위한 로드맵을 구체적으로 그려나가고 있다"고 강조했다.

5년 전 독서경영과 관련해 황 회장을 뵈었을 때 독서내공이 단단함을 느꼈지만, 지금의 모습은 나이테의 근육처럼 독서근육이 단단해져 있음을 알 수 있었다.

독서근육이 튼튼해져서일까? 세월을 역방향으로 거스른 듯 갈수록 건강해 보인다. 요즘 유행하는 "안녕들 하십니까?"라고 묻는다면, 서린바이오사이언스 황 회장은 환한 웃음으로 "안녕하십니다"라고 당당히 말할 것이다.

나를 변화시키는 힘

마리아 살레찌, 윌마 후게리 지금 | 임두빈 옮김 | 예원미디어

애벌레는 번데기로 변신하는 과정을 거쳐 나비로 다시 태어난다. 그리고 그동안 꿈꾸어 왔던 비행에 성공한다. 우리도 그 애벌레처럼 번데기 속에 들어가 어려움과 고통들을 견뎌내며 변신을 기다려야 한다. 고치 안에서 날개를 튼튼하게 키우면서 언젠가 우리가 이루어야 할 대망의 비행을 준비할 수 있다. 그것은 우리가 지닌 마지막 허물, 즉 육신을 탈피해 창조주에게 돌아가는 비행이다. 애벌레가 나비로 변신하는 과정을 그리는 이야기는 바로 우리 영혼의 역사를 은유하고 있다. 동참하라! 번데기 안으로 함께 들어가 변신을 준비하라! 이 책을 읽으면서 애벌레가 아닌 나비의 눈으로 세상을 바라보는 방법을 발견하게 될지도 모른다. 만일 그렇게 된다면 우리가 목표한 최소한의 의도는 달성된 것이리라.

시크릿

론다 번 지음 | 김우열 옮김 | 살림Biz

왜 전 세계 인구의 1퍼센트밖에 안 되는 사람들이 전 세계 돈의 96%를 벌어들일까? 이 책의 저자는 그것이 우연이 아니라고 말한다. 그 사람들의 마음을 지배한 생각은 '부'였고, '부'에 대한 이들의 생각이 그 사람들에게 부를 끌어당겼다는 것이다. 이것이 바로 끌어당김의 법칙이 적용

된 사례다. 이 책은 긍정적인 생각과 간절한 믿음이 만났을 때 강력한 힘을 발휘한다고 말한다. 미래의 삶을 창조하는 원동력이 '내' 안에 있다는 믿음은 원하는 것을 실제로 이루어지게 하는 창조력을 지닌다. 반면에 '난 안 돼', '난 할 수 없어'라는 부정적인 생각은 결국 나쁜 일이 벌어지게 만든다.

꽃들에게 희망을

트리나 폴러스 지음 | 김명우 옮김 | 분도출판사

자신의 참 모습을 찾기 위해 많은 어려움을 겪어온 한 마리의 애벌레 이야기이다. 그 애벌레는 나 자신을, 우리 모두를 닮았다. 나비는 애벌레가 되어야 할 바로 '그것'이다. 아름다운 두 날개로 날아다니며 하늘과 땅을 연결시켜 주고, 꽃에 있는 달콤한 이슬만을 마시며 이 꽃에서 저 꽃으로 사랑의 씨앗을 운반해 준다. 나비는 한 마리 애벌레의 상태를 기꺼이 포기할 수 있을 만큼 절실히 날기를 원할 때 가능한 일이다. 목숨을 버리라는 말이 아니다. '겉모습'은 죽어 없어질 것이지만, '참모습'은 여전히 살아 있을 것으로 삶에 변화가 온 것이다.

39년 포스코 그룹의 혁신 리더
허남석
포스코경영연구소
사장

철 사나이들의 5감사

포스코는 나에게 운명의 기업이다. 포스코의 성장이 나의 성장이었다. 독서경영의 근육을 가장 많이 키워 준 고마운 회사다. 포스코 그룹에 독서경영을 전파한 지 벌써 7년째다. 광양제철소를 거쳐 서울 포스코 센터와 포스코 계열사, 외주 파트너사 등으로 종횡무진 신나게 다녔던 기억이 이른 새벽 물안개처럼 아련히 피어난다.

쇠 사나이들의 무쇠를 녹일 만큼 뜨거운 독서열정은 강의를 하는 나에게는 최고의 선물이었다. 포스코 그룹의 독서경영 중심에는 포스코 경영연구소 허남석 사장이 있다. 허 사장은 포스코 광양제철소 소장을 거쳐 포스코ICT 대표이사를 역임했고, 현재는 포스코경영연구소 사장이다.

포스코에는 특별한 것이 있다.

"독서경영을 할 수 있게 해주어 감사합니다."

"이 글을 쓸 수 있게 해주어 감사합니다."

"책으로 소통할 수 있어 감사합니다."

"좋은 책 함께 토론할 수 있어 감사합니다."

"건강하게 다시 만나서 감사합니다."

바로 5감사다. 포스코ICT는 임원독서토론을 할 때 늘 "소중한 다이애나 홍님, 감사합니다"로 시작하는 감사카드에 5감사를 적어서 강의 테이블 위에 올려놓는다. 강의가 끝나고 가는 길에 감사카드를 읽으면 피로가 쏴아 봄눈 녹듯 녹는다.

허 사장은 2013년에는 최고로 행복한 1년을 보냈다고 한다. 포스코 그룹을 감사경영으로 뜨겁게 달구었기 때문이다. '감사불씨'를 양성하고, 곳곳에 감사를 전파한다. 감사를 통해 행복경영으로 이어가는 허 사장의 얼굴에는 늘 웃음꽃이 피어난다.

포스코맨이 된 지 39년, 그의 청춘은 포스코와 함께 시작했고, 함께 고민하고, 함께 울고, 함께 웃었다. 현장 곳곳에 그의 혁신 스토리가 묻어 있다.

마음속 고민, 책으로 풀다

생존의 갈림길에서 냉철한 결단을 내려야 하는 리더는 늘 고독하다. 그리고 남보다 앞서가는 리더는 더 고독하게 마련이다. 새무얼 스마일

즈는 "사람의 품격은 그 사람이 읽은 책을 통해 판단할 수 있다"고 했는데, 혁신의 전도사인 허 사장이 본격적으로 책을 좋아하게 된 것은 손욱의 『변화의 중심에 서라』를 읽으면서부터다. 이 책의 제목만 봐도 알 수 있듯이, 그는 혁신을 추구하는 리더다.

경영현장에서 일어나는 수많은 일들은 고민의 연속이었다. 변화무쌍한 환경 속에 어떻게 하면 제대로 혁신을 할 수 있을까 하는 고민은 날마다 반복되었다. 그러던 차에 만난 책이 바로 이 책이었다. '혁신하는 조직만이 성공할 수 있다'는 강한 문장이 심장을 뛰게 했다. 그의 고민을 해결해 주는 책, 생생한 현장의 목소리로 들려주는 혁신의 모범답안을 찾게 된 것이다.

특별히 혁신을 추진하는 주요 동력인 '미들 업-다운(Middle up-down)'의 형태는 조직을 어떤 방향을 가야 하는지를 알려 주는 나침반이 되었다. 마음속 고민을 해결해 주었다.

미들 업-다운 형태는 과장이나 팀장과 같은 현업의 허리(미들)들이 각자 파트를 맡아서 변화를 추진하는 것을 말한다. 리더만 혁신하자고 혼자 외치는 톱-다운(Top-down) 방식, 그리고 밀단 직원들이 회사를 변화시키자고 요구하는 보텀-업(Bottom-up) 방식과는 다르다. 현장의 리더인 미들이 프로세스 혁신에 앞장섰을 때 진정한 혁신이 가능하다. 삼성 SDI도 미들이 움직였기에 지금까지도 혁신이 지속될 수 있는 것이다.

이렇게 이어진 독서열정은 그를 저자로 만들어 주었다. 허 사장은 포스코 사람들과 함께 『강한 현장이 강한 기업을 만든다』라는 책을 내놓

왔다.

"심장이 멈추면 삶이 멈추듯 기업의 생명은 현장에 있다. 희망은 현장에 있기에 현장을 사랑하게 되었다. 현장에 감독하러 오는 것이 아니라, 살아가는 이야기를 듣고 싶어서 오는 것이다. 현장의 언어가 그들의 말 속에 녹아 있기 때문이다."

강한 현장을 강하게 지켜야 한다는 강한 의지는 중간관리자를 혁신의 불씨로 만들었다. 조찬모임, 현장멘토링을 통해 날마다 더 빨리, 보다 새롭게 도약하고 재도약하며 질주했다.

삶의 열정에도 마침표가 없듯 혁신의 열정에도 마침표가 없다. 한 번의 성공체험이 더 큰 성공체험을 불렀다. 일, 혁신, 학습의 삼각형 안에 그들의 뜨거운 열정이 타오르고 있었다. 비가 오나 눈이 오나 식지 않는 포스코의 용광로처럼 그들의 열정은 식을 줄 몰랐다.

강한 현장, 그것을 타오르게 하는 것은 쇠 사나이들의 뜨거운 혁신바이러스였다. 그 바이러스가 산불처럼 무섭게 현장에 번져갔다.

"독서한 사람은 비록 걱정이 있으되 뜻이 상하지 않는다."
-순자

책을 통해 걱정과 고민을 해결하고, 책으로 직원들과 소통하고, 책의 저자가 된 그의 심장에는 독서경영의 불씨가 건강하게 자라고 있었다. 포스코를 떠나 포스코ICT의 대표이사로 자리를 옮기면서 그 불씨는 뜨

겁게 타올랐다.

깐깐한 서울 노처녀와 고집 센 시골 노총각, 책으로 하나 되다

세계적인 사회학자 엘빈 토플러는 '지금 세계는 제4의 물결을 앞두고 있다'고 했다. 세계적인 석학들은 제4의 물결은 '융합의 시대', 즉 서로 다른 분야가 융합해 새로운 것을 창조하는 세상이 될 것이라고 말한다. 학문과 학문, 업계와 업계의 경계가 사라지고 상생을 위해 하나로 융합되는 시대에 포스코는 새로운 미래를 준비하고 있다. 포스코 ICT는 IT서비스 기업인 포스데이타와 엔지니어링 기업인 포스콘의 통합으로 2010년 1월 22일 출범한 포스코 계열 회사다. 'Creating Green ICT Future'라는 비전 아래 엔지니어링과 IT기술을 융합해 녹색성장 산업과 컨버전스 트렌드를 선도하는 기업이다.

2010년 3월에 취임한 허남석 사장은 업무 환경을 스마트 오피스로 바꾸고, '행복나눔 125운동'이라는 기업문화운동을 선포했다. 기업의 행복지수를 올리는 행복나눔 125운동은 한 달에 한 번 봉사, 한 달에 두 권 책 읽기, 하루 다섯 가지 감사하기다.

포스데이타와 포스콘이라는 전혀 다른 회사가 융합해 출범한 포스코ICT는, 처음에는 어떻게 하면 서로 다른 성향의 직원들을 화합시킬 수 있을지 막막하기만 했다.
포스데이타와 포스콘의 성격을 깊이 들여다보면 '깐깐한 서울 노처녀와 고집 센 시골 노총각을 억지로 결혼시킨 꼴'이었다.

이렇게 달라도 너무 다른 두 회사의 성격을 어떻게 한마음으로 합방할 수 있을까? 그의 고민을 풀어가는 첫 번째 단추는 책이었다. 같은 책을 읽고 같은 가치관으로 한 방향으로 가기 위해 독서의 힘을 믿었던 것이다.

"책사(冊舍)도 학교다. 책은 교사다."
-안창호

포스코ICT가 출범하면서 사내 북 카페를 열었다. 사옥 1층에 들어선 북 카페에는 2천여 권의 책들이 전시돼 있으며 직원들이 독서와 휴식을 즐길 수 있는 공간으로 조성됐다. 손욱 회장과 허 사장과 임직원들이 함께 오픈 행사로 테이프 커팅을 했을 때, 독서인의 한 사람으로 더 없이 소중한 순간이었다.

　　　　　　　　　CEO의 독서경영

그 이후에 포스코ICT에서는 매월 임원독서토론이 진행되었다. 허 사장의 주재로 진행되었고, 독서코칭을 하는 나는 사실 많은 고민이 있었다. 포스콘의 독서경영은 이미 3년이나 진행했기에 독서기초가 탄탄한 상황이었다. 하지만 포스데이타는 독서경영을 하지 않아서 독서의 균형을 잘 잡지 않으면 혼란을 초래할 수 있기 때문이다.

그러나 내 우려는 신기루처럼 사라졌다. 역시 임원은 아무나 되는 것이 아니었다. 임원이 되기까지 그들은 독서열정으로 독서근육을 키웠고, 독서토론에서 그 내공이 많이 묻어났다. 처음에 독서토론할 도서를 선정하는 것은, 조직 내 감사와 긍정의 기운을 불어넣는 책으로 집중했다.

깐깐한 서울 노처녀와 고집 센 시골 노총각을 억지로 결혼시켰으니, 서로 신뢰하고 사랑하는 마음으로 하나 되기 위해 긍정과 감사의 메시지를 담고 있는 책들은 좋은 중매쟁이였다.

허 사장은 휴일이면 책방에 가서 직접 책을 고르신다. 임원들과 직원들이 함께 읽어서 조직의 문화를 잘 비무려 줄 책을 고르신다. 그가 특별히 아끼는 책은 양병무의 『행복한 논어읽기』다. 논어는 씹으면 씹을수록 맛이 난다고.

논어의 기본원칙은 '인의예지신(仁義禮智信)'이며, 사서삼경은 『대학』, 『중용』, 『논어』, 『맹자』와 『시경』, 『서경』, 『역경』이다. '대학'은 '공경'을 의미하고, '중용'은 '정성', '논어'는 '사랑', '맹자'는 '하늘의 이치'를 나

타낸다. '시경'은 '시와 문학'이며, '서경'은 '역사', '역경'은 '변화'를 뜻
한다.

근자열 원자래(近者說 遠者來)
가까이 있는 사람들을 기쁘게 하고, 멀리 있는 사람들을 찾아오게 하
는 것

'가장 가까이에 있는 직원들을 기쁘게 하면 멀리 있는 고객이 찾아오
게 되어 있다'는 『논어』의 가르침을 전 직원들과 공유했다. 공자의 인
생관은 감격 그 자체다. 『논어』는 나를 다스리는 기술이며, 아름다운 인
간관계의 지혜를 준다고.

『논어』에는 오랜 세월이 흘러도 결코 변치 않는 소중한 가치가 담겨
있다. 허 사장이 강조하는 학이(學而) 편의 첫 구절이다.

공자께서 말씀하셨다.
"배우고 때때로 익히면 그야말로 기쁘지 않겠는가? 벗이 먼 곳에서
찾아온다면 그야말로 즐겁지 않겠는가? 남이 알아주지 않는다 해도 노
여워하지 않는다면 그야말로 군자(君子)가 아니겠는가?"

이 책을 통해 『논어』의 묘미에 푹 빠지게 된 그는 요즘 제대로 논어
를 공부한다. 허 사장 부부는 매주 월요일 새벽이면 나란히 집을 나선
다. 나이가 들어가면서 부부가 같은 공부를 하는 재미도 쏠쏠하다. 오
전 6시부터 8시까지 박재희 교수의 논어 강의에 푹 빠져 있다. 『논어』

     CEO의 독서경영

에서 배우는 삶의 진수는 감사경영의 뿌리가 된다고.

허 사장은 논어 사랑에 푹 빠져 있다. 중국인이 꼭 알아야 할 공자 사상을 가장 잘 구현한 명언 5개를 뽑아 북경올림픽위원회에 추천해 2008년 북경올림픽의 영빈어(迎賓語)로 정했다는 이야기도 들려주었다.

포스코ICT에서는 특별히 집중해서 두 번씩이나 토론한 책이 두 권 있다. 『멀티플라이어』와 『무엇이 성과를 방해하는가』가 그 책들이다.

직원의 능력을 정지시키느냐, 직원을 능력을 확장시키느냐? 뛰어난 인새를 닥월한 인재로 키워가는 멀티플라이이는 일디를 쉽터로 만들었고, 조직 내 토론으로 최고의 결정을 이끌어내는 능력을 갖춘다.

『무엇이 우리의 성과를 방해하는가』를 통해, 좋은 성과를 위해서는 직원의 억눌린 욕구를 잘 관리해야 한다는 교훈을 얻을 수 있었다. 결국 업무량이 문제가 아니라 업무방식이 문제가 된다는 것임을 토론을 통해 나누었다. 직원들의 마음속 소음을 없애는 것이 중요하다는 것을 함께 공감하는 시간이었다.

이렇게 임원독서토론을 통해 각 본부장은 부서에서 구성원들과 함께 독서토론의 맥을 이어갔다. 서로의 생각이 소통을 넘어 교감하는 시간을 가진 것이다. 책의 내용을 넘어 개인의 고민도 나누었다. 업무의 스트레스와 부담이 독서토론으로 자연스럽게 묻어나는 것이다.

보통의 워크숍이나 세미나는 서로 상하의 직급에서 오는 부담감이 있어 자유로운 발언이 나오기가 쉽지 않다. 독서토론이야말로 계급장 떼고 자유롭게 대화할 수 있는 진정한 소통의 장이 된다.

임원독서토론을 하는 어느 날, 집에서 내조를 잘하고 있는 부인들을 초청해 참관수업을 하게 했다. 몇몇 분들은 쑥스러워했지만 평소처럼 책의 핵심내용과 자신의 의견을 나누었다.

그 이후, 허 사장의 아내분이 중심이 되어 부인들도 독서모임을 시작했다. 회사에서 남편이 읽고 있는 책을 같이 읽기도 했고, 여성분들이 좋아하는 감성을 울리는 책도 선정했다.

3년의 시간이 흘러 허남석 사장은 포스코ICT를 떠나게 되었다. 신임 사장 조봉래 대표이사와 나란히 앉아서 임원 및 직책보임자들과 마지막 강의를 했다. 지난 3년의 임원독서토론을 통해 정이 많이 들어버린 나는 이미 포스코ICT의 가족이 되어 있었다. 마지막 가는 걸음에서조차 독서경영의 바통을 이어 주는 정성이 그리 고마울 수가 없었다.

그렇게 행복나눔 125운동을 3년 동안 한 포스코ICT는 최고가 되어 있었다. 기업경영의 3총사는 기술, 사람, 문화다. 과거에는 총칼로 싸웠고, 품질이 경쟁력이었다가 다시 가격싸움이었고, 이제는 문화가 기업의 경쟁력이 되었다. 포스코ICT는 독특한 기업문화로 전 세계 어디에 내놓아도 전혀 뒤처지지 않는 글로벌 기업이 된 것이다.

처음에 직원들의 반신반의에서 시작했던 행복나눔 125운동의 결과는 놀라웠다. 2010년 발표한 포스코ICT의 성과몰입지수는 58% 수준이었는데, 2011년에는 26% 상승한 84%, 2012년에는 89.4%에 이르렀다. 갤럽에서 조사한 2012년의 조직문화조사 종합지수는 80.7점에 달했고, 회사 실적은 창사 이래 처음으로 누적 수주액 1.5조 원을 달성했다.

감사경영으로 행복한 일터 만들기

허 사장의 하루를 여는 첫 시작은 5감사다. 감사를 하고 난 후 108배를 올린다. 그가 108배를 올리기 시작한 것은 감사에 뿌리가 있다.

108배를 통해 아상(我想)으로부터 벗어나 허상으로부터 '나'를 지키고 온갖 집착과 번뇌를 걷어내기 위해 기도를 하고 있다. 절을 하면 할수록 하심을 증득하게 되고 또한 남을 사랑하고 자신을 사랑하는 자리이타(自利利他)의 마음이 절로 생긴다.

절을 하는 순간 나는 물론 나의 가족, 그리고 이웃들이 모두 부처임을 깨닫게 되기 때문이다. 아마 절을 하는 사람은 이미 많은 지혜를 체득해 알고 있을 것이다. 그러므로 절을 하는 사람은 지혜로운 자각을 일으켜 자신을 한없이 낮추고 몸과 마음을 변화시킨다. 기도를 많이 한 사람들은 그 눈빛과 몸이 현저히 다르다. 안방에서 방석을 깔고 108배를 했는데 몸과 마음이 훨씬 건강해졌다고 좋아하신다.

"가화만사성(家和萬事成)이란 말이 있는데, 가화의 핵심이 감사입니다. 감사를 실천하면 부드러움과 너그러움을 선물로 받을 수 있습니다. 감사는 불만과 불신을 녹여 버리는 강력한 힘도 가지고 있습니다."

허 사장의 하루를 열게 하는 5감사와 108배는, 감사의 근본은 사랑에 있고, 감사의 첫걸음은 자기관리에서 시작된다는 사실을 알려 준다. 스스로 낮아지는 시간을 통해 주변사람들을 빛나게 해주는 것이다.

이제 포스코경영연구소로 몸을 옮긴 허 사장은 포스코 그룹 전체에 행복한 기업문화를 전파하기 위해 '감사경영'을 전파하고 있다.

"사실 저도 포스코에서 갑자기 포스코ICT로 옮겨 직원들과 어떻게 소통할까를 생각했습니다. 그때 손욱 서울대 융합과학기술대학원 교수님의 권유로 감사일기란 것을 써보게 됐습니다. 그런데 한 3주 정도 하고 나니 마음이 그렇게 평온할 수 없었습니다. 그때 '아! 이거 되겠구나!'라는 생각을 했죠."

허 사장은 포스코ICT의 성과를 바탕으로 2011년 11월부터 포스코 포항제철소에도 감사나눔 운동을 도입했다. 상부조직이 아닌 조직의 최소단위를 중심으로 아래서부터 자율적으로 시행했다. 감사노트에 하루 5개씩 감사한 일을 적고 '100 감사 쓰기', '사랑의 편지 쓰기' 등을 했다. 직원들은 기계에 감사하다고 말하는 것을 넘어 감사하다는 글을 기계에다 붙였다. 포항제철소는 온갖 감사문구로 얼룩덜룩해졌다.

그런데 놀라운 일이 벌어졌다. 설비고장률이 떨어지기 시작한 것이다. 이처럼 감사는 힘이며, 강한 에너지다. 우리가 이루고자 하는 꿈을 이끌어 주고 성장할 수 있게 하는 강력한 에너지다. 그는 감사경영으로 행복한 일터를 만들어 나가고 있다.

봉사를 하고, 감사를 실천하는 포스코 가족은 탄탄한 독서근육을 키우며 글로벌 경쟁력을 키우고 있다. 세계 속에 우뚝 선 포스코 가족은 행복한 기업으로 성장하고 있다.

행복의 특권

손 아처 지음 | 박세연 옮김 | 청림출판

10년 연속 하버드대 인기강좌 1위, 260만 명이 열광한 TED 최고 인기강의의 주인공, 긍정 심리학자 손 아처가 행복을 실제적이고 과학적으로 입증해낸 책이다. 이 책에서 그는 '사람은 성공해서 행복한 게 아니라, 행복해서 성공한다'는 간단명료한 주장을 펼친다. 다시 말해 행복하기 때문에 누릴 수 있는 특권이 바로 업무적 성과, 지적 충족감, 경제적 풍요와 같은 개인의 성공이라는 것이다.

이 책은 하버드대와 세계적인 기업들이 함께한 하버드 행복 연구를 집대성한 책이다. 저자는 탄탄한 이론적 기반 위에 다양한 사례, 하버드생들, 전 세계 비즈니스맨들의 현실을 관통하여 행복과 성공이 양립할 수 있음을 조목조목 제시한다. 동시에 어떻게 하면 이 행복의 특권을 누릴 수 있는지에 대해서도 7가지 원칙으로 소개한다. 그가 제시하는 방법은 매우 간단하지만 구체적이며, 효과적인 것으로 평가받고 있다. 실제로도 구글, 코카콜라, IBM, UPS를 비롯한 세계적인 기업들에서 도입해 성과를 거둔 바 있다.

비폭력 대화

마셜 로젠버그 지음 | 캐서린 한 옮김 | 한국NVC센터

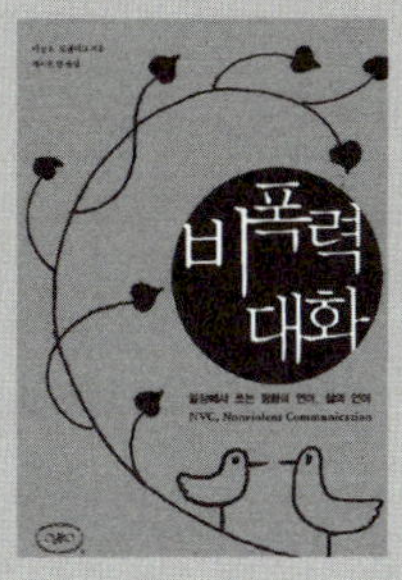

2004년 출간 이후로 국내에서 10만 명 이상의 독자들을 만났고, 매해 만 명의 새로운 독자들을 만나고 있는 책. '폭력적 대화'란 자신의 주의나 주장만을 고집하는 불관용의 대화법을 말한다. 자신의 주의나 주장은 반드시 관철되어야 할 '특별한' 것, 상대의 그것은 이기주의이며 일방적인 것으로 판단해 버린다. 폭력적 대화는 긍정적인 결론을 이끌어 내기보다는 서로에게 상처만을 남긴다.

이 책은 우리가 의식적이든 무의식적이든 일상적으로 사용하고 있는 폭력적인 대화를 극복하는 방법에 대해 이야기한다. 우리가 얼마나 폭력적인 대화방법을 스스럼없이 사용하고 있는지를 밝히면서, 비폭력 대화가 우리 사회와 각 개인을 어떻게 바꿀 수 있는지 이야기한다.

행복한 논어 읽기

양병무 지음 | 21세기북스

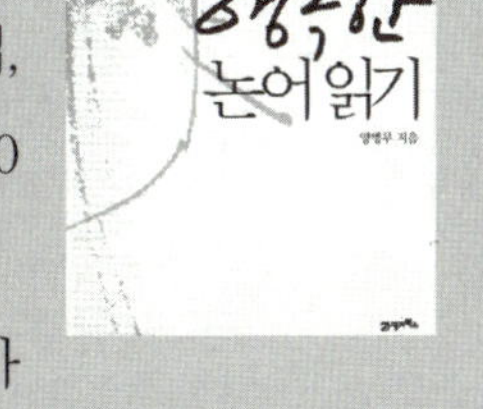

『논어』의 핵심 50구를 원문과 함께 해설하고, 현대인들에게 자기계발과 리더십에 관한 의미를 생생한 사례를 들어 설명한다. 평생학습, 직업정신, 리더십, 인간관계, 삶의 원칙이라는 다섯 영역에 관한 총 50꼭지의 글이 들어 있다.

『논어』의 뜻을 잘 살리되 관심을 유도하기 위해 가능하면 한자 표현은 줄이고 쉬운 말로 해석을 하면서 현대적인 사례를

함께 실었다. 또한 『논어』의 핵심 50구를 소개하며, 이를 오늘날을 살아가는 자기 자신의 일로 받아들이도록 생생하고 절실하게 설명한다.

정상의 고지를 향한 필수품, 독서

탈고를 하면 항상 가슴이 떨린다. 혼자만의 고독과 인내의 흔적이 세상 밖으로 나가서일까?

무엇보다도 이런 책을 쓸 수 있다는 것에 무한 감사하다. 독서경영 강의를 통해 배우고, 인터뷰를 통해 배우고, 글을 쓰면서 또 배웠다. 열다섯 분의 독서경영은 참으로 특별했다. 한 분 한 분마다 독서DNA을 분석하고 연구했다. 독서전문가인 나보다 더 많은 책을 읽는 독서광 CEO도 계셨고, 모두들 책과 현장의 균형을 적절히 잘 유지하고 있었다. 평소에 존경해 마지않는 삼성 그룹 이건희 회장은 비록 직접 인터뷰를 하지 못했지만 열네 분 CEO는 직접 인터뷰했다. 이건희 회장의 독서경영은 내가 삼성 계열사들에서 강의한 경험을 살려 소개했다. 이 책에 소개된 대부분의 기업들은 내기 현장에서 독서경영을 직접 전파한 기업들이다. 덕분에 그들의 독서문화를 깊이 알 수 있었다.

무엇보다도 열다섯 분의 CEO에게는 공통점이 있었다. 우선, 회사의 '목표'가 분명했다. 정상의 고지가 어디인지, 어떻게 가야 하는지, 분명한 로드맵이 있었다. 둘째, '더불어 함께' 정신이 강했다. 직원들과 함께 살고 함께 행복해지자는 굳은 의지에서 진한 인간애를 느꼈다. 마지막으로 '사회에 공헌하는 삶'을 지향한다는 것이다. 그들은 자연을 사랑했고, 운동과 명상을 즐겼으며, 책을 손에 놓지 않았고, 무엇보다도 겸손한 마음, 낮은 자세였다.

그들의 직원에 대한 무한 사랑은 감동이었다. 언제나 직원들에게 봄을 선물하고 싶어 했다. 한겨울에도 화사한 옷을 입혀 주고 싶어 했다.

현장에서 늘 배운다는 것은 진리다. 글을 쓰는 작가에게는 집필 과정이 현장이다. 이 책을 쓰면서 CEO들이 읽었다는 운명의 책을 다시 읽는 행복한 시간이었다. 미처 내가 읽지 못했던 책들을 CEO의 음성으로 다시 듣고, 또 한 번 책을 읽어 보는 좋은 기회가 되었다.

어떻게 하면 그들의 독서경영을 잘 전달할 수 있을까 하는 고민의 연속으로 자료를 찾고, 홈페이지를 살피며, 고민하는 과정의 연속이었다. 김남조 시인은 '글을 쓴다는 것은 집을 짓는 것과 같다'고 했다. 시멘트에 물을 붓고 벽돌을 만들어, 벽돌을 하나씩 쌓고 기둥을 만들어 집을 완성하는 과정이라고 했다. 집을 다 지으면 마지막에 자신의 혈액을 한 방울 떨어뜨린다는 말이 찡하게 가슴에 꽂혔다. '아, 나도 이런 작가가 되어야겠다'는 조용한 다짐도 했다. 마지막 혈액 한 방울의 정성을 위해 마지막 탈고를 마치는 순간까지 다듬고 또 다듬는 고독한 작업이었다.

『CEO의 독서경영』은 '경영인의 삶에 책이란 무엇이며, 개인의 삶에 책이란 무엇일까?' 이 두 가지에 집중해 쓴 책이다. 기업에 있어 책이란 성장이었고, 개인에게 있어서도 성장이었다. 개인의 성장 없이 기업의

성장이 없고, 기업의 성장 없이 개인의 성장은 없다. 그런 까닭에 독서
는 성장의 꽃이다. 정상의 고지를 향해 가는 길에 독서는 휘발유요, 전
기다. 인생은 긴 여행이고 사랑은 꼭 챙겨야 할 필수품이라면, 목표를
향한 정상의 고지를 가는 길에 독서는 필수품이다.

모든 것은 상대적이다. -아인슈타인
모든 것은 성(性)이다. -프로이트
모든 것은 경제다. -마르크스
모든 것은 사랑이다. -무무
모든 것은 책이다. -다이애나 홍

우면산 기슭에서, 지은이 다이애나 홍

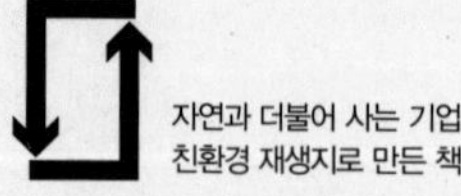